I0510132

COMO SER UM
CORRETOR DE IMÓVEIS INDEPENDENTE
DE SUCESSO

Alessandro Soares de Oliveira
2ª Edição
São Paulo/ 2021

Copyright © 2019 by Alessandro Soares de Oliveira

ISBN 9 781694 352118

Impresso em 2021 pela AMAZON

Não é permitida a reprodução total e parcial desta obra, por quaisquer meios, sem a prévia autorização por escrito do autor.

Prefácio por José Augusto Viana Neto
Presidente do CRECISP

Atendimento para Assessoria, Consultoria, Orientação, Palestras, Vendas e Locações de Imóveis:

Alessandro Soares de Oliveira
Telefone e whatsapp (11) 96793-9143
alessandro2805@gmail.com
Instagram @alessandro2805 e @programachavemestra

"Escrito com base nas experiências e vivências em meus anos de atuação no Mercado Imobiliário, levando em conta os principais procedimentos e as principais dúvidas de colegas corretores que entravam em contato comigo solicitando alguma orientação".

SUMÁRIO

NÃO VENDO METROS QUADRADOS.
VENDO MAIS ESPAÇO PARA RECEBER OS AMIGOS.
LONGE DE MIM VENDER GUARITAS E PORTÕES,
EU VENDO SEGURANÇA.
NÃO VENDO LOCALIZAÇÃO,
VENDO MAIS TEMPO COM A FAMÍLIA.
E ISSO NÃO É MÁGICA. POIS
O QUE EU VENDO NÃO DESAPARECE,
PELO O CONTRÁRIO, SE VALORIZA COM O TEMPO.
EU VENDO SONHOS.
EU SOU **O CORRETOR DE IMÓVEIS.**

APRESENTAÇÃO

PRA COMEÇAR, QUEM SOU EU?

...sou **Alessandro Soares de Oliveira**, Formado em Administração de Recursos Humanos, totalmente COMERCIAL, sou de Duque de Caxias/RJ, mas moro em São Paulo/SP desde 2004, apaixonado pelo que faço, e atualmente multifunções, atuando como:

CORRETOR DE IMÓVEIS – Atuando diretamente na captação de imóveis, divulgação, intermediação de venda e locação, avaliação com emissão de laudo pericial, vistorias, análises de documentos, elaboração de contratos e compromissos de venda e compra.

PALESTRANTE – Com palestras focadas no Mercado Imobiliário, tendo como objetivo principal a orientação aos corretores e demais interessados sobre os mais diversos procedimentos para compra, venda, locação, administração, avaliação, fotografia e documentação imobiliária.

DELEGADO DISTRITAL DO CRECI 2ª REGIÃO – DELEGACIA SECCIONAL NORTE

FOTOGRAFO – Fotografia imobiliária para divulgação e promoção de imóveis, cobertura de eventos, fotos para vistoria inicial e de encerramento de locação, com emissão de laudo mostrando a situação do imóvel na entrada e na saída dos locatários.

Também realizo ensaios fotógrafos, e cobertura de eventos.

SOU ATOR E APRESENTADOR do Canal "CASOS & CAUSOS DOS CORRETORES DE IMÓVEIS" no YOUTUBE, dos Programas "CRÔNICAS IMOBILIÁ-RIAS" na TV CRECI e "CHAVE MESTRA – Correto-res em Ação" na TV ABERTA SP – Onde apresen-tamos situações do dia a dia da nossa profissão, mostramos lugares, noticias, e no final sempre procuramos deixar uma dica valiosa para que nos-sos "YOUTUBEREXPECTADORES" possam se prepa-rar melhor e não caiam em enrascadas, e possam prestar o melhor atendimento possível.

De uma forma geral, sou alguém cheio de disposição e super otimista, que com muita fé em Deus acredito que o melhor momento para se construir o amanhã é AGORA!!! ...pois sempre é tempo de recomeçar e aprendermos a olhar pra frente antes de dar o primeiro passo para uma no-va e grandiosa jornada.

POR QUE CORRETOR INDEPENDENTE DE SUCESSO?

Porque em minha humilde opinião...

"Sucesso é fazer o que gostamos, ganhando o suficiente para vivermos bem, felizes com o que temos, e sabendo dar o devido valor a cada conquista"

QUEM É O CORRETOR DE IMÓVEIS?

"O corretor de imóveis é o profissional que além de intermediário entre vendedor e o comprador, atua em operações de compra, venda e locação de imóveis, é o elo forte da corrente que une e garante a segurança para ambas as partes."

A PROFISSÃO DE CORRETOR DE IMÓVEIS

Devidamente reconhecida e regulamentada por legislação no Brasil desde os anos de 1960, e particularmente esclarecida nos Artigos 722 a 729 do atual Código Civil e de maneira específica no tocante à atuação do profissional liberal, conforme o Parágrafo 4º. do Artigo 14 do Código de Defesa do Consumidor, a profissão de corretor de imóveis requer estudo e formação específica na área, assim como licença concedida pelo governo federal, mais especificamente, pelo Conselho Federal dos Corretores de Imóveis (COFECI) e Conselho Regional dos Corretores de Imóveis (CRECI), o conjunto de entidades que normaliza e fiscaliza a profissão de corretagem de imóveis no país, através da emissão do chamado CRECI, registro profissional do corretor de imóveis que tanto deve ser portado pelo profissional como deve ser exigido pelo cliente sempre que este se apresentar como um intermediário em transações imobiliárias.

A regulamentação da profissão dos corretores está na Lei Federal n. 6.530 de 12 de maio de 1978, que disciplina o funcionamento dos órgãos de fiscalização e outras providências, bem como as alterações dadas pela Lei n. 13.097/2015 e Resolução n. 800 de 26 de dezembro de 2002. Assim, fica regulamentada a pessoa com título de Técnico em Transações Imobiliárias.

A legislação vigente também prevê a seguinte situação, conforme traz o texto do §§ 2º do Artigo 139 da Lei nº 13.097, de 2015, na qual há a possibilidade dos corretores de imóveis associarem-se, sem vínculo empregatício, previdenciário, ou qualquer outro, a uma ou mais imobiliárias, sendo tal associação firmada mediante contrato registrado no Sindicato dos Corretores de Imóveis ou, onde não houver sindicato instalado, registrado nas delegacias da Federação Nacional de Corretores de Imóveis.

O Código de Ética dos Corretores de Imóveis é aprovado nos ditames da Resolução-COFECI n. 326/92, que disciplina obrigações no relacionamento com a classe profissional e clientes, tendo como base, ainda, os já citados Código Civil e do Código de Defesa do Consumidor.

Não se pode deixar de mencionar que, no Código de Ética, há três obrigações que chamam a atenção, sendo elas:

- *Inteirar-se de todas as circunstâncias do negócio, antes de oferecê-lo;*
- *Quando oferecer um negócio, apresentar dados rigorosamente certos, nunca omitindo detalhes que depreciem, informando ao cliente os riscos e demais circunstâncias que possam comprometer o negócio;*
- *Recusar a transação que saiba ser ilegal, injusta ou imoral.*
-

Assim, o corretor de imóveis e as empresas imobiliárias são as únicas instituições por lei autorizadas a intermediar negócios que envolvam compra, venda ou locação de imóveis em geral.

Nesse contexto, é de suma importância atentar para o fato de que, uma vez que o imóvel passa por quase todas as esferas do direito, isso faz com que uma transação de compra e venda possa trazer danos de difícil reparação se não forem observadas determinadas regras, que, normalmente, passam despercebidas pelas partes diretamente envolvidas, seja vendedor ou comprador, cabe ao profissional encarregado de uma transação imobiliária o dever e a obrigação de prestar uma assessoria à altura da importância do negócio.

A IMPORTÂNCIA DO CORRETOR DE IMÓVEIS

Acho que o questionamento mais comum e que mais ouvimos por parte de "alguns" clientes é "por que pagar 6% a um corretor de imóveis em uma venda, ou 100% do primeiro aluguel em uma locação ou pagar 1% para uma avaliação?"... Alguns ainda questionam, eu tenho advogado e não preciso pagar corretor! Outros dizem, conheço um engenheiro que avalia para alguns bancos e pode avaliar cobrando menos!

Mais aí fica a esses ALGUMAS PERGUNTAS...

Querido cliente,

- Você levaria seu bebê recém-nascido para consulta com geriatra?

- Você levaria seu carro pra consertar com seu açougueiro?

- Ou levaria sua moto em um mecânico de carros?

- Pra ser até mais chato, você levaria sua Harley Davidson em uma oficina popular especializadas em motos de baixa cilindrada?

Eu respondo essa... CLARO QUE NÃO NÉ!

Advogados mesmo atuam em áreas distintas do direito, na mesma linha das perguntas acima, Você contrataria um advogado criminal para uma ação trabalhista, ou trabalhista em uma ação tributária?

Tenho muitos amigos advogados e eles mesmos falam sobre isso, e deixam claro que não são bem vistos os que se dizem generalistas.

Claro que ter a orientação de um advogado é essencial em uma transação onde você vai investir MILHARES DE REAIS, ou vai realizar o grande sonho da sua vida comprando a casa própria, nesses assim como em outros casos, não pode haver erros, então pra garantir essa precisão, use e abuse dos conhecimentos de seu advogado, mas como mais um elo nessa corrente, e não como rival do corretor contratado, e saiba que o corretor de imóveis é o especialista no assunto, pois somos nós que estamos em constante busca por conhecimento e especializações, mas também, como vocês poderão ler mais a frente, existem especializações bem específicas entre nós corretores, e ao contratar nossos serviços, procure saber quem é o seu corretor, e qual a área de atuação dele, pois assim já teremos um primeiro passo para uma transação tranquila e segura.

Da mesma forma, hoje em dia nós corretores somos aptos a realizar avaliações imobiliárias, claro que não desmerecendo o trabalho de engenheiros e arquitetos, muito pelo contrario, pois nós não podemos em nossas avaliações falar sobre questões estruturais dos imóveis, topografia, entre outros pontos que são pertinentes a esses profissionais, mas quando o assunto é valor, desse sim nós entendemos e muito bem, e não há o que questionar, pois somos nós que tratamos disso no nosso dia a dia, nós reconhecemos detalhes como localização, vizinhança, entre outros fatores que influenciam diretamente nos valores de venda e locação.

Então, mais uma vez, nesses casos deve haver um entendimento e na melhor das hipóteses uma parceria entre engenheiros, arquitetos e corretores para um melhor resultado final e para garantir o bem estar de nossos clientes, sem contar que em caso de um cliente precisar de regularização de área, ou mesmo quiser reformar, ou construir em determinado imóvel, é sempre bom ter um bom relacionamento com empresas especializadas que você possa indicar e estar seguro com sua indicação.

Hoje em dia nós corretores somos reconhecidos como Peritos Avaliadores, inclusive em Avaliações Judiciais e Avaliações para Órgãos Públicos, claro que especificamente os corretores que buscaram essa especialização, com formação e cursos na área, e são inscritos no CNAI – Cadastro Nacional de Avaliadores Imobiliários e os clientes que desejarem encontrar profissionais capacitados e regulamentados podem buscar informações sobre profissionais aptos no site do CRECI.

www.crecisp.gov.br

A IMPORTÂNCIA DESTA LEITURA PARA PROFISSIONAIS AUTÔNOMOS E IMOBILIÁRIAS

Sem dúvidas, para o profissional autônomo, é de extrema necessidade estar o mais bem informado possível, pois assim o corretor autônomo poderá fazer valer sua autonomia, não ficar preso a esperar respostas de outros profissionais, e dessa forma estará mais apto e mais motivado a atender seu cliente da melhor forma, prestando um serviço de qualidade completo e seguro como um verdadeiro consultor imobiliário.

Apesar do CRECI-SP oferecer inúmeras oportunidades de crescimento profissional através de cursos e palestrar de forma gratuita tanto em sua sede, como em suas delegacias regionais, são muito poucos os colegas corretores que buscam esse tipo de crescimento profissional, e muitas vezes, só vão aos cursos e as palestras, porque nós delegados convidamos e insistimos em suas presenças, e deveria ser bem diferente pois deveria haver maior interação e união entre nós corretores, pois assim nossa profissão estaria bem mais fortalecida.

Amigos corretores pensem que nos dias de hoje, muitas vezes atendemos clientes que nos dão verdadeiras aulas de conhecimentos sobre o mercado imobiliário quando na verdade deveria ser exatamente o contrario, e mesmo sendo frequentador dos eventos CRECI e expectador assíduo da

TV CRECI ainda sim, sempre estou aprendendo coisas novas, e recebendo informações muito valiosas de profissionais mais experientes, sem contar no aumento de nossa rede de parcerias.

Devido a essa evasão dos corretores, e por receber muitas ligações de colegas de profissão para esclarecer dúvidas, muitas vezes simples e que todo corretor deveria saber, que decidi escrever da maneira mais simplificada possível, mostrando os principais procedimentos para nossa profissão.

Para as imobiliárias, é necessário que entendam que o seu profissional estando mais qualificado, não se tornará um concorrente, mas sim um parceiro mais preparado, dando um atendimento de melhor qualidade aos seus clientes. Claro que para isso é necessário que exista uma relação de confiança e respeito entre as partes, pois se o corretor se sentir em casa, e se sentir bem e a vontade, jamais fará qualquer coisa que prejudique a empresa onde está instalado.

Não pretendo entrar aqui no mérito desta questão referente à relação corretor/imobiliária, pois acredito que tanto para empresa como para o profissional, deve haver uma relação tranquila e harmoniosa e se não for assim, ambos tem a opção de mudar e buscar algo diferente ou que considere melhor, mas se estão ligados através dessa parceria que seja feito da melhor forma para ambas as partes, e as empresas também devem buscar estarem mais próximas ao CRECI, e oferecer maior colaboração, pois assim ficaria muito mais fácil manter não só em suas instalações, mas no mercado de uma forma geral, profissionais muito mais qualificados e prontos para qualquer situação.

PREFÁCIO

O livro **"COMO SER UM CORRETOR DE IMÓVEIS INDEPENDENTE DE SUCESSO"** relata, em uma linguagem simples e direta, as angústias, os questionamentos e, principalmente, as histórias bem-sucedidas, que permearam a carreira de Alessandro Soares de Oliveira.

O autor procura cativar os leitores, seja contando "causos" que presenciou, seja tornando-se um técnico, preocupado em fornecer dicas importantes para a negociação e o fechamento das transações.

A cada capítulo, o autor nos convida a refletir sobre questões importantes da rotina do corretor, que incluem financiamento, avaliação, documentação, relacionamento com clientes e, muitos outros tópicos que não podem ser desconhecidos dos profissionais.

Tanto a venda como a locação são muito bem enfocadas e detalhadas, proporcionando ao leitor um mergulho na arte de intermediar imóveis.

Foi, para mim, uma satisfação muito grande prefaciar essa obra e perceber o entusiasmo de Alessandro para com a profissão. Espero que o leitor tenha a mesma sensação minha e possa desfrutar desses relatos, agregando ainda mais valor às suas próprias experiências.

JOSÉ AUGUSTO VIANA NETO
Presidente CRECISP

INTRODUÇÃO

Neste livro pretendo transmitir tudo o que aprendi em todos esses anos atuando no mercado imobiliário em São Paulo, sendo que no inicio atuei em lançamentos tendo breve passagem pelas três maiores imobiliárias do mercado, e nos últimos 11 anos atuando como empresário dirigindo a imobiliária A. S. Oliveira Imóveis.

Pretendo também mostrar tudo o que é necessário para que você possa realizar um trabalho independente, correto, e passar confiabilidade para o cliente, fazendo suas transações de forma segura e protegendo todos os envolvidos na sua intermediação.

Espero que você possa encontrar nesta leitura tudo o que precisa para esclarecer suas dúvidas e ter uma direção, pois procuro usar uma linguagem bem simplificada e sintetizada de como realizar um trabalho totalmente independente, sei bem as dificuldades que passamos como corretores, principalmente quando iniciantes, e é justamente quando necessitamos de alguma orientação ou uma simples informação, parece que tudo fica mais difícil do que realmente é.

E caso você meu caro leitor necessite de alguma orientação, algum modelo de documento, ou, simplesmente deseje compartilhar suas experiências, entre em contato comigo e terei o maior prazer em orientar e trocar informações, e caso deseje uma assessoria, também me coloco à disposição, entre em contato e conversaremos sobre o assunto e juntos estudaremos a melhor maneira de atender suas necessidades.

Também quero aproveitar para sugerir que ao decidir realmente ser um corretor independente, explore tudo o que o CRECI nos oferece, pois são inúmeros cursos e palestras, além de colocar a nossa disposição e-mail e sites personalizados que nos dão maior credibilidade junto aos nossos clientes, modelos de documentos, entre outros serviços gratuitos e parceria com empresas que possibilitam descontos em produtos e serviços, porém, deixo claro que o CRECI é o Conselho que regula e fiscaliza nossa profissão, e não é e nem atua como sindicato, mas estão sempre buscando formas de melhorar e dar maior credibilidade ao corretor de imóveis.

Eu mesmo, como vocês podem ver abaixo, costumo usar o e-mail personalizado com nome da minha empresa e o e-mail do CRECI:

alessandro@asoliveiraimoveis.com.br
alessandrosoliveira@creci.org.br

VAMOS COMEÇAR?

Mas... "Antes de qualquer coisa, seguem meus sinceros agradecimentos aos leitores deste livro, aos quais espero que possa contribuir para o desenvolvimento de ideias, que possam se transformar em projetos, que se viabilizarão, criando BASES SÓLIDAS para novas conquistas."

Se você não sonha, você não tem o que realizar, mas se você tem um sonho, jamais desista até que se realize!

CRIANDO BASES SÓLIDAS

Como primeiro e o mais importante passo, precisamos nos preparar para essa nova jornada, criando Bases Sólidas que irão nos ajudar a estruturar no trabalho, então...

Falando em primeiro passo de uma jornada, tudo começa quando imaginamos algo, pensamos, pensamos e pensamos, até que começamos a amadurecer a ideia.

Quando temos uma ideia formada do que buscamos ou de onde queremos chegar, é chegada a hora de lapidá-la e transformá-la em um *planejamento estratégico*, mas planejamento não é nada sem ação, então vamos nos preparar, traçar nossos objetivos e vamos fazer acontecer.

MAS COMO FAZEMOS ISSO?

Não é tão difícil quanto parece, para começar vamos seguir os passos abaixo:

Pra atuar como Corretor de Imóveis Independente, o primeiro passo é você estar devidamente inscrito no CRECI, e em dia com suas obrigações, e caso você ainda não tenha sua inscrição junto ao Conselho e deseje iniciar, pesquise sobre os cursos de T.T.I. (Técnico em Transações Imobiliárias) reconhecidos pelo CRECI e pelo MEC, e assim que realizar sua matricula no curso, você já pode dar entrada em sua Carteira de Estágio, se dirigindo às Delegacias Regionais do CRECI, com os documentos e valores recolhidos conforme relacionados no site www.crecisp.gov.br, e lembre-se que enquanto estagiário você ainda não pode trabalhar sozinho, precisará de um supervisor para seu estágio e o acompanhando a cada passo, e que assinará seu estágio como responsável técnico.

Bom que fique claro, que se o estagiário for flagrado pela fiscalização sem a presença do seu supervisor ou outro responsável, ou denunciado por atuar como corretor de imóveis, ou qualquer outra pessoa que venha a atuar no mercado imobiliário sem o devido registro, responderá pelo crime de Exercício Ilegal da Profissão, e estará sujeito as penalidades legais, como multa, e em caso de reincidência perder o direito ao Registro no Conselho e responder a Processo Criminal.

Para evitar problemas com a fiscalização, além de não atuar enquanto estagiário, logo que concluir o curso, você deverá novamente se dirigir a uma Delegacia Regional do CRECI, com os documentos e valores a serem recolhidos relacionados no site www.crecisp.gov.br e logo após aguardar a sessão plenária onde será entregue sua carteira de Corretor de Imóveis, momento em que você passa a ser um profissional e poderá atuar normalmente.

Dando Sequencia a criação de nossas Bases Sólidas, registro no CRECI ok, decisão tomada, vamos começar a transformar nossas ideias em projeto, e pra começar, vamos responder algumas perguntinhas:

a) Onde estou hoje? Já atuo no mercado? Sou estagiário quero me profissionalizar?

b) Onde quero chegar daqui a 3 anos? O que farei para estar onde quero daqui a 3 anos?

c) E daqui a 5 anos?

d) Como vou chegar onde quero? O que preciso saber/aprender pra chegar lá?

e) O que preciso fazer para me manter onde consegui chegar?

f) O que faço para ir além?

Obs.: Claro que o planejamento não se resume só a essas respostas, mas certamente já é um grande começo se conseguimos chegar a elas.

Responder essas perguntinhas pode ser bem complicado se acharmos que só imaginar é o suficiente para se chegar a algum lugar. Mas se começamos imaginando e transformamos a imaginação em planejamento, com objetivos claros a serem alcançados, com metas *quantitativas* e *qualitativas* bem definidas, estudando cada passo a ser dado, tudo começa a ficar bem mais claro e fácil, e vão surgindo novas ideias, e começamos a aprender a transformar tudo isso em um PROJETO, e a partir daí muito trabalho duro, mas acima de tudo muito bem direcionado, pois sem trabalho e sem uma direção nada adiantará suas ideias, planos, metas, etc.

O planejamento é um dos grandes pilares de um projeto, e para começar a transformar o planejamento em projeto, precisamos entre outras coisas saber o que queremos e definir como conseguiremos levando em conta variáveis como:

- Onde vou me instalar?

- Vou trabalhar de casa mesmo?

- Quanto vai custar?

- O que ainda preciso aprender?

- Quem serão meus fornecedores/parceiros?

- Que tipo de publico será meu cliente?

- Que tipo de imóvel vou trabalhar?

- Como vou chegar aos meus clientes?

- Como manterei esses clientes?

- Quem serão meus concorrentes?

- O que vai me diferenciar desses concorren-tes?

MAIS UMA VEZ...
"ENTRE VÁRIAS OUTRAS VARIÁVEIS"

A transformação de imaginação em planejamento, é sem dúvidas um dos primeiros passos a serem tomados na formação de BASES SÓLIDAS, no entanto, não posso deixar de comentar sobre as dificuldades de ser empresário/autônomo no Brasil, principalmente por toda burocracia e sobrecarga tributária, e que antes de assumir essa grande responsabilidade com seu futuro, recomendo que analise bem todas as possibilidades, e leia com toda atenção essa publicação, assim como também recomendo se informar melhor junto ao CRECI e mesmo com outros corretores mais experientes, um contador de sua confiança, e pessoas de outros setores, pois não é só sair trabalhando e ganhando muito dinheiro, tudo implica em responsabilidades e obrigações legais cíveis e criminais que se deixam de ser observadas e mesmo cumpridas, podem geral multas e punições previstas na Lei.

Também preciso insistir e muito, que é preciso muito conhecimento, e você precisará investir muito do seu tempo (porque os melhores cursos existentes no mercado imobiliário são oferecidos gratuitamente pelo CRECI-SP) para adquirir mais e mais conhecimentos através de cursos, mas também através de vivencia na pratica, mas não vamos esquecer de trabalhar firmes e focados, pois trabalhar duro é e será uma de suas maiores bases.

MEU INICIO COMO
CORRETOR INDEPENDENTE

Meu inicio mesmo foi bem conturbado, e confesso que não estava nem um pouco pronto para isso, mas depois de um acidente de moto, tudo começou...

Foi em 25 de novembro de 2009, eu trabalhava em uma empresa renomada, e gostava muito, pois tinha bons resultados, uma ótima taxa de conversão e toda estrutura a minha disposição, mas ao mesmo tempo não tinha muito acesso às informações, e a cada intermediação, eu era totalmente dependente da estrutura deles, ou seja, eu fazia as captações, fotografava, juntava com uma ficha com informações dos imóveis e dos proprietários, enviava para o departamento de cadastro que confirmava as informações e inseria as informações no site, eles anunciavam, e quanto alguém procurava por aqueles imóveis que eu havia captado, eles me direcionavam para dar atendimento, eu atendia, e se tivesse uma proposta passava ao gerente de vendas, e ele cuidava de tudo, aí eu só voltava a ter contato com o cliente na assinatura do contrato quando tinha oportunidade, mas não sabia nada, principalmente sobre os documentos e as certidões necessárias, e confesso que como muitos outros colegas eu me acomodei, pois não precisava me preocupar com isso.

Na ocasião, eu não fazia ideia do que o CRECI nos oferecia em termos de conhecimento e estrutura, não acompanhava nada, pois eles (a empresa) sempre nos pregavam uma imagem completamente distorcida do CRECI, que só estava lá pra cobrar anuidade e nos punir, e apesar de ser esse o real papel do Conselho, demorei muito tempo pra descobrir que isso não era totalmente verdade, pois realmente o CRECI fiscaliza, pune, e cobra, porém, nos oferece muito em termos de conhecimentos e cursos. Inclusive, desde que conheci essa estrutura, já participei de dezenas de cursos e palestras, inclusive, hoje graças ao CRECI, tenho curso de Avaliador de Imóveis (PROECCI – Programa de Educação Continuada Para o Corretor de Imóveis), Cursos de Perito Judicial, Fotografo (Especializado em Fotografia Imobiliária), sem contar nas inúmeras palestras técnicas e motivacionais, e sendo todas com profissionais renomados em suas respectivas áreas de atuação.

Nesta data que mencionei acima, estava um lindo dia de sol, e eu como bom motociclista, não resisti e peguei minha moto pra almoçar em casa, que era relativamente perto, descansei um pouco e retornei, mas no caminho para a imobiliária, tive um grave acidente, onde me machuquei muito e precisei ser hospitalizado, e nesse período, tive uma grande decepção, pois ficou muito claro que eu não passava de um número para aquela empresa onde eu tanto me dedicava, e mesmo o gerente que eu considerava como amigo, só estava preocupado com o buraco que ficaria na escala dele, e isso me chateou por demais, mas pra minha surpresa, eu ainda estava em casa, em repouso "todo arrebentado", e um cliente me ligou querendo comprar um apartamento no prédio onde eu morava, ele havia pego meu telefone na portaria do prédio.

Lembro até hoje da ligação dele, estressado, porque tinha pressa e não conseguia ser atendido, e quando ele me falou que queria ir naquele instante ver o apartamento e eu falei que tinha uma dificuldade ele me falou alto e bem irritado, *"EU SÓ QUERO COMPRAR UM APARTAMENTO, EU TENHO DINHEIRO PRA PAGAR A VISTA E NINGUEM QUER ME ATENDER",* daí eu disse a ele que não era esse o caso, contei que estava acidentado e que se ele tivesse um pouco de paciência eu mostraria o apartamento a ele com o maior prazer.

Passaram-se poucos minutos e ele chegou com a família, o porteiro me interfonou e eu reforcei, avise a ele que to indo devagar, ok... Me arrumei, mesmo morrendo de dor, respirei fundo e fui. Foi muito interessante a reação dele e da esposa quando me viram, eu mancando das duas pernas, e com um braço imobilizado, e todo ralado, ele mudou completamente o semblante, e já se aproximaram me oferecendo ajuda.

Pra resumir a história, ele viu com uma certa pressa, pois estava todo preocupado com meu bem estar, mas gostou, e fez a proposta de compra ainda no apartamento, me explicou que tinha pressa porque havia vendido o apartamento onde morava e o prazo pra mudar era curto, mas no final deu tudo certo, ele ficou feliz com a compra, o vendedor também e eu mais ainda com a intermediação, porém, quando ele falou vou comprar, e o vendedor falou vou vender, entrei em pânico, não sabia o que fazer, e nesse tempo era bem mais difícil conseguir as informações.

Pra conseguir, comecei a ligar para quem eu conhecia advogados, corretores, e encontrei um amigo que trabalhou comigo na imobiliária de lançamentos onde comecei em 2007, e até por ter muita experiência, pois já era corretor de imóveis a muitos anos, ele me deu toda direção, e a partir daí fiz essa intermediação, a primeira realmente minha e recebi minha primeira comissão de 6%, adorei, mas na ocasião as certidões eram emitidas direto no Fórum, não tínhamos essa moleza de hoje poder emitir tudo on-line, e eram filas e filas, e imagina isso todo quebrado e cheio de dores pelo corpo, mas fui, a vontade de realizar aquela grande conquista era muito maior do que as limitações das dores.

Aprendi muito com tudo isso, tive que me virar, dar meus pulos, e de lá pra cá aprendi que cada intermediação é um mundo diferente, que haviam diferentes tipos de imóveis, e de documentos, e de compradores, e de vendedores, e a importância de cada um no processo como um todo, e por isso decidi colaborar com os colegas que precisam de uma orientação, mas que tem dificuldade de encontrar, ou mesmo não sabem onde buscar.

Claro que é uma sensação maravilhosa quando o cliente fala eu quero, vou alugar, vou comprar, mas quando isso acontece esse é só o começo de uma peregrinação, então precisamos estar sempre preparados e aptos a lidar com todas as situações e prontos a superar cada obstáculo que possam surgir pelo caminho!

DECISÃO TOMADA,
VOU ME MOSTRAR AO MUNDO...

Agora, enfim estou sozinho, eu não tenho o suporte de uma imobiliária, nem gerente, nem diretor, nem advogados... ou seja, estou só nesse imenso mundo tão diversificado, com imóveis comerciais, lojas, escritórios, galpões, terrenos, garagens, subsolos, entre outros tipos, e residenciais, como casas térreas, sobrados, casas assobradadas, garagens, apartamentos, coberturas, lofts, studios, chácaras, sítios, fazendas, terrenos, lançamentos, imóveis rurais, urbanos, etc, etc, etc..., então preciso decidir em que área vou me especializar, FOCAR, e começar a me virar, e assim que decidir onde vou atuar, o meu próximo passo será justamente ser visto e ficar conhecido dentro da minha especialização, mas como?

Eu já presenciei muitos casos de corretores que decidiram ter sua independência, deram seu GRITO DE LIBERDADE, mas que em momento algum buscaram criar e solidificar suas bases, então montaram escritórios muito bem decorados, fizeram aquele site super elaborado, mas não tinham ideia do que fazer, até mesmo pra divulgar o que pretendia oferecer aos seus clientes vendedores e compradores. Esse erro é muito comum, as pessoas até hoje acham que é só ter um site e a mágica acontece, mas de nada vai adiantar seu site super turbinado e seu escritório luxuoso se ninguém souber que está lá, e nem o que você tem a oferecer.

Hoje em dia a melhor maneira de ser encontrado por seus clientes compradores e vendedores, ainda é criar seu próprio site, pois assim você passará uma melhor imagem e segurança para seu cliente, e pra facilitar, muitas empresas oferecem esse serviço de uma forma pratica e barata, sendo que você pode alugar um site onde você mesmo faz todas as configurações, como inserções, alterações e exclusões de anúncios e você também pode ter seu próprio aplicativo disponibilizado em lojas de apps como o Google Play entre outros, pagando um valor relativamente baixo, mas muitos corretores hoje em dia não fazem nem questão de ter um site próprio, e usam somente as redes sociais para divulgar seu trabalho e produtos, mas não podemos deixa de lado as tradicionais placas pois ainda são responsáveis pela maior parte dos retornos de clientes, desde que obedeçam a regulamentação do CRECI que pode ser verificada no próprio site do Conselho, para confecção, o layout das informações e mesmo a própria instalação nos imóveis, que além da regulamentação do CRECI na cidade de São Paulo, deve-se observar as regras da Lei Cidade Limpa em vigor desde 1 de janeiro de 2007.

Assim que você colocou seu site/app no ar, comece a usar com toda intensidade as redes sociais para divulgar seu trabalho, ao invés de usar um ou outro, faça que um complemente o outro, pois é a forma mais rápida e na maioria dos casos gratuitas para divulgar seu trabalho e os imóveis que estão anunciando, e comece a tomar mais cuidado com o que você posta mesmo em suas páginas pessoais, pois lembre-se que suas redes sociais são suas vitrines, os seus clientes potenciais poderão visitar seus perfis para te conhecer melhor, e o ideal é focar suas redes no trabalho, ou não divulgá-las.

Outra forma de divulgar seu trabalho e seus resultados é sempre após finalizar uma intermediação, pedir autorização ao comprador, e colocar uma placa sua dizendo que o imóvel foi comercializado por você, pois assim outras pessoas vão saber quem é você, e que você fez aquela venda/locação acontecer, e isso trás muita credibilidade.

Outro ponto importante e fundamental que ainda hoje é de grande valia, é o famoso boca a boca, então, comente, converse com todos seus familiares, parentes, amigos, conhecidos, pois sempre vai ter alguém que conhecer alguém que quer comprar, vender, alugar, etc...

MARKETING PESSOAL

Toda vez que for atender, lembre-se de investir em você, mantenha-se alinhado e muito bem informado, pois os clientes sempre vão reparar em você, você não precisa ter as melhores roupas ou o carro mais caros, mas mantenha o seu em bom estado, e sempre limpo!... Mas não é só isso, o marketing pessoal não trata só da sua aparência, roupas, maquiagem, ou cortes de cabelo, mas também de sua comunicação, sua postura, então procure aproveitar seu tempo que tiver livre pra ler, estudar, aproveite toda estrutura que o CRECI-SP nos oferece de forma gratuita, com cursos e palestrar, onde podemos aproveitar muito os conteúdos oferecidos, seja de forma presencial, ou pelo canal do CRECI-SP no youtube, ou no app da TV-CRECI, onde você pode acessar todo conteúdo e assistir sempre que desejar. *Aproveitando também, acesse no youtube o Canal CASOS & CAUSOS DOS CORRETORES DE IMÓVEIS (RS), nesse canal, contamos casos e causos vividos por nós mesmos e por outros colegas corretores, e no final sempre deixamos uma dica para evitar situações constrangedoras pra nós corretores.*

Observação: Jamais se esqueçam de que o bom profissional, no momento que está atendendo, não tem time de futebol, visão política ou religião, pois são os principais pontos de discórdia, e que podem te custar uma grande oportunidade de negocio por discordar do seu cliente, e o mais importante, lembrar de respeitar a opinião dos ou-

tros, e de preferência "OUVIR MUITO MAIS DO QUE FALAR!"

Uma história interessante sobre a minha apresentação pessoal, é que faz um bom tempo que deixei de usar terno e gravata, usando apenas quando julgo necessário, e me sinto muito bem assim, e reparei numa receptividade maior dos clientes depois dessa mudança, principalmente quando atendo nos finais de semana. E como sou motociclista, muitas vezes chego na frente dos imóveis com minhas motos e já tive caso até de cliente pedir pra subir e tirar fotos em uma das minhas motos que é uma relíquia, uma CB 450 TR AZUL de 1987, o cliente era bem idoso, mas falou com tanto gosto que teve uma igualzinha por muitos anos, e que tinha muitas saudades, tirou várias fotos, só faltou pedir pra dar uma voltinha (RS), entre outros casos parecidos, e o mais legal que isso cria um laço entre você e seu cliente que se você souber aproveitar vai ser muito promissor, principalmente em termos de indicações.

Quando o cliente consegue criar uma empatia com você acredite, logo ele será seu maior indicador, sempre falará bem de você e do seu trabalho, e não é porque você cobrou mais barato ou trabalhou de graça pra ele, mas sim por que você soube se valorizar como profissional, cobrando o valor justo pelo seu trabalho, e em troca ofereceu o melhor que podia, e cumpriu com suas obrigações, fazendo com que aquele cliente chegasse ao final da transação com a certeza de que fez um bom negócio e coberto de toda segurança e sabendo que mesmo que houver algum imprevisto ele poderá contar com você a qualquer momento.

Uma das coisas mais importantes em seu marketing pessoal, mais do que sua aparência, é mostrar para o cliente que ele não é só mais um cifrão pra você, e que você busca uma relação duradoura, através de uma parceria cercada de lealdade e respeito, e sem dúvidas mostrar para ele que você sabe sobre o que está falando e fazendo, e é um profissional antenado e atualizado.

CHEGOU MEU PRIMEIRO COMPRADOR POTENCIAL, E AGORA?

Minha principal recomendação nesse caso é antes de qualquer coisa, assim que o cliente fizer o primeiro contato, ainda por telefone converse o máximo possível e de forma direcionada a extrair dele o que realmente precisa e se esse contato for via e-mail ou whatsapp, tente trazer para um contato telefônico ou pessoalmente, não tenha medo de convidar seu cliente para um café, onde vocês poderão discutir sobre suas necessidades, e você poderá olhar nos olhos dele e sentir suas reações, e da mesma forma seu cliente também vai te olhar nos olhos e analisar seu perfil profissional e acredite que muitas vezes o cliente não sabe até onde pode chegar, então, crie um roteiro de sondagem, com perguntas que induzam as respostas abertas que te ajudem a entender as reais necessidades desse cliente.

Oriente seu cliente (insisto) sem medo, a procurar um banco ou agente de crédito, eu não costumo me envolver nesses assuntos, mas se o cliente insistir, posso indicar algumas opções mas sem compromisso de minha parte com a contratação dos serviços financeiros e deixo isso bem claro e sempre documentado de alguma forma. Dessa forma, antes mesmo de visitar alguns imóveis, seu cliente saberá exatamente até onde pode chegar, já terá seu crédito pré-aprovado, o que facilitará e muito sua vida, do comprador e a do vendedor também, e assim evita que ele tenha que se contentar com algo inferior ao que busca, ou fique frustrado por achar que não pode comprar algo em um padrão maior e somente na hora do financiamento descobre que não é bem assim, e acredite, muitos clientes ficam frustrados a ponto de desistirem de realizar as compras.

Você sempre terá como opção trabalhar em parceria com os bancos, atuando como correspondente bancário, o que poderá aumentar ainda mais seus rendimentos, pois ganhará uma comissão sobre os financiamentos, assim como todo produto do banco que seu cliente adquirir através de você, mas isso gera uma responsabilidade enorme, e também uma demanda muito maior de trabalho, então se tiver interesse, analise cuidadosamente todas as possibilidades, se informe muito bem pra que não se arrependa depois, e jamais pense com o bolso.

A dica acima também serve para os casos de locações, pois também necessitam de uma analise de crédito, então muitas vezes, como uma forma de não perder o seu tempo e não fazer o cliente perder o tempo dele, faça uma pequena entrevista e uma pré analise, pois assim você evitará transtornos para ambas as partes, e se estiver tudo ok com essa parte, assim que o cliente se decidir pelo imóvel, os tramites legais serão bem mais rápidos, deixando seus clientes felizes com seu trabalho, mas seja sempre muito cauteloso com a documentação dos locatários e dos locadores e se for o caso dos fiadores também para que a locação não se

torne um grande problema, pois o fiador, ao acei-
tar a responsabilidade, se torna o garantidor e
principal pagador de qualquer despesa ou dano
causado pelos locatários.

RELACIONAMENTO COM CLIENTES

Muitos corretores mais experientes acabam não dando tanta importância aos clientes, deixando-os de lado após finalizar suas intermediações, mas se você quer mesmo se dar bem não só na corretagem, mas em qualquer área, fidelize seus clientes, não é só desejando feliz aniversário, mas buscando interesses em comum e outras afinidades, ajude seu cliente quando for necessário, e não tenha medo nem vergonha de pedir indicação de clientes compradores ou vendedores. No meu caso a maioria dos imóveis que anuncio vem de indicação de outros clientes que já fizeram negócio comigo, claro que não se pode agradar a todos, e nem todos vão ser fãs do seu trabalho, mas a maioria deve ser, e você tem que ter em mente que precisa conquistar essa maioria.

Muitas vezes, os corretores mais experientes perdem o cliente logo no começo, pois ao invés de ouvir, sondar, buscar o que o cliente quer, precisa, deseja ou sonha... ficam tentando adivinhar, ou mesmo empurrar coisas que não tem nada haver, forçando situações que em muitos casos causam mais constrangimentos, do que te dão qualquer chance de ter sucesso, então mais uma vez, "ouça mais e fale menos!"

Conquistar o cliente não quer dizer ser um puxa saco, nem trabalhar de graça, nem fazer coisas que vão além das suas atribuições ou mesmo seu conhecimento, mas fazer o que é sua obrigação da melhor forma, com carinho, respeito e profissionalismo, pois isso já é um enorme passo, pois os clientes por mais que não demonstrem principalmente no primeiro momento, observam e muito esses detalhes, e vão lembrar disso na hora que precisarem novamente dos seus serviços.

Agora imagine, dois corretores atendem o mesmo cliente, sendo um rabugento, impaciente e que não esconde que só esta ali pensando em seus honorários, e o outro atencioso, detalhista, preocupado em dar o seu melhor, e fazer sua intermediação de uma forma segura e consciente... Para qual desses o cliente vai ligar quando precisar? Lembre-se disso, você faz o seu ambiente, e é você o responsável por fazer com que seu cliente tenha boas lembranças e acima de tudo confiança em seu trabalho.

Outra dica valiosa é jamais tentar mostrar para o cliente que você sabe tudo, pois não sabe e nunca saberá, o "*sabitudismo*" é horrível, e gente assim afasta o cliente, e até mesmo parceiros de trabalho, pois no mercado imobiliário, assim como praticamente todas as áreas as informações mudam com uma velocidade incrível, e por mais que você tente se manter atualizado, não é fácil, particularmente, costumo dizer sempre o mercado imobiliário é composto de VÁRIAS VÁRIAVEIS, pois cada intermediação é um mundo diferente, pois depende se é locação, venda, permuta, locação por temporada, contrato de comodato, sem contar nos tipos de acordo que são firmados entre vendedores e compradores, e locatários e locadores, e nós precisamos estar ali pra regulamentar tudo, mas, se você sabe o que está fazendo, faça da melhor forma, agora, se não sabe, não se intimide e não tenho medo de dizer "estou com dúvida referente à essa situação, e preciso me informar melhor sobre esse caso", e faça isso o mais rápido possível, tenha sempre perto de você um advogado de confiança, também mantenha um bom relacionamento nos Cartórios de Notas perto de você, assim como nos Cartórios de Registro de Imóveis, no CRECI, com outras imobiliárias e corretores, e onde mais for preciso para que você tenha a quem recorrer nesses momentos de dúvidas, e jamais negue ajuda ou informações aos colegas que precisarem de você.

Dica de atendimento: Quando um corretor vai atender um casal, foque a conversa e dirija-se ao homem e quando for uma corretora dirija-se a mulher, pois assim você evita uma cena de ciúmes que pode lhes custar uma venda, assim como evitem usar trajes mais insinuantes, pois dependendo do casal, por mais que você esteja com todo foco em seu trabalho, poderá causar sim um tremendo mal estar.

E quando você estiver atendendo, sempre se mostre como profissional, por mais que você não domine determinado assunto, tudo o que for falar, fale com firmeza, assim como também é fundamental um firme aperto de mãos, mas evite intimidades, como abraços e beijos mesmo que inocentes, podem também causar mal estar. É muito comum clientes, principalmente em caso de procura por imóvel por quem está se separando, querer insistir em conversar e contar sua história, como se fossemos psicanalistas, ouça se quiser ouvir, mas jamais faça o mesmo, jamais fale de sua vida pessoal, porque por mais que os clientes falem, eles jamais querem ouvir, e acredite, mesmo depois de ouvir tudo o que o cliente falar, se fizer o mesmo, você será o chato problemático que fala demais!

GESTÃO DE RESULTADOS

Anunciei, atendi, fiz a intermediação, ganhei... e agora?

Bom, já cumpri minhas obrigações legais, paguei as contas (inclusive as atrasadas... RS), fiz compras do que precisava, e até cometi alguns "pequenos" exageros... Mas, e quando vou ganhar novamente? Justamente por conta de mais essa perguntinha que faz parte das VÁRIAS VARIÁVEIS citadas no inicio, que precisamos pensar e planejar muito, pois não sabemos quanto tempo vamos demorar pra receber novos honorários, então precisamos nos organizar, provisionar o que faremos com o dinheiro que sobrou, e deixar tudo organizado para que não tenhamos que trabalho focando somente o que vamos receber, deixando assim espaço para que possamos focar no bom atendimento, o que naturalmente nos trará melhores resultados.

Honestamente sei o quanto isso é difícil, pois tenho uma certa dificuldade em me organizar financeiramente, mas consigo, e uma das maneiras que consegui para me ajudar nessa árdua missão de controlar as finanças, foi fazer uma planilha, detalhando tudo o que entra e sai, assim como um livro caixa, e hoje em dia uso um aplicativo que me facilita mais ainda. Nas lojas de aplicativos dos celulares existem muitas opções boas e gratuitas, e assim conseguimos saber exatamente quanto ganhamos, quanto gastamos, e com o que gastamos, deixando de ver nosso dinheiro desaparecer como em um passe de mágica.

Sabendo exatamente para onde nosso dinheiro vai, fica mais fácil de evitar excessos com gastos desnecessários, e até mesmo nos ajuda a canalizar melhor para onde vão nossos recursos, e o melhor de tudo é conseguir manter a maioria de nossas contas em dia.

AUTORIZAÇÃO PARA DIVULGAÇÃO E INTERMEDIAÇÃO DE IMÓVEIS E PROPOSTAS DE COMPRA OU LOCAÇÃO DEVIDAMENTE DOCUMENTADAS

Todas as vezes que você captar um imóvel, não importa de quem for, sejam parentes, amigos, colegas de trabalho, sempre documente tudo, até mesmo porque pra anunciar e instalar placa em qualquer imóvel, você precisa estar devidamente autorizado, e não se esqueça de que na autorização devem constar: dados do imóvel como endereço completo, número de matrícula e o cartório onde está registrado, número do IPTU, nome completo e documento de identificação do proprietário e assinatura do mesmo, também é de extrema importância deixar claro que não há problemas com o imóvel, ou se tiver algum detalhe faça constar na autorização, e também os valores referentes à intermediação (se está incluso no preço proposto ou não, e se estiver, deixe claro qual a sua porcentagem), seja venda ou locação, valores de IPTU e de taxa condominial, se houver, e descreva se nos valores constam seus honorários, pois senão, isso pode virar um problema futuro.

E todas as vezes que você mostrar um imóvel, seja pra locação ou compra, leve uma ficha, e faça o interessado assinar, constando as informações do imóvel, data, hora, e a identificação do interessado e acompanhantes se houver, pois caso ele venha a atravessar você e fechar direto com o proprietário você estará respaldado, e quando o interessado quiser fazer uma proposta, lembre-se sempre de documentar a proposta, com os dados pessoais dos proponentes, documento de identificação, endereços, telefone, e-mail e assinatura, e na proposta, faça constar o valor anunciado pelo imóvel, e o valor que está sendo proposto, assim como a forma de pagamento, e seus honorários, da forma mais detalhada possível, pois é a garantia de que seu trabalho foi realizado na melhor forma, e a proposta documentada não poderá ser contestada, pois você deverá descrever tudo o que for tradado, principalmente em termos de valores, assim como inventariar tudo o que tem no imóvel e o que for combinado de integrar a transação, como móveis planejados e outros bens.

SOU INDEPENDENTE...
E AGORA, DEVO SER CPF ou CNPJ?

Um grande dilema, pois como autônomos temos uma maior liberdade, porém, pagamos uma alíquota bem maior no Imposto de Renda, e como empresário a porcentagem é bem menor, porém, assumimos mais responsabilidades e obrigações com declarações municipais, estaduais e federais.

Minha sugestão nesse caso é buscar orientação junto ao seu contador de confiança sobre o que é mais interessante em seu caso específico, se continuar como Pessoa Física, ou atuar como Pessoa Jurídica, porque o contador poderá te orientar também sobre as obrigações fiscais e todas as declarações encargos da profissão. Eu optei por ser Pessoa Jurídica, mas depois de muitas pesquisas e muitas conversas para entender melhor a questão.

Uma das vantagens da nossa profissão é que você pode ter seu próprio escritório trabalhando como Pessoa Física, inclusive com corretores associados trabalhando com você, e também pode ser Pessoa Jurídica trabalhando em sistema de Home Office.

VAI INTERMEDIAR A VENDA, É NECESSÁRIO SABER QUE...

EXISTEM VÁRIOS TIPOS DE VENDA DE IMÓVEIS E FORMAS DE PAGAMENTOS

1 - Venda com pagamento pelo SFH (Sistema Financeiro de Habitação)

O tipo mais comum de venda, pois a grande maioria das pessoas financia sua compra, sejam de imóveis urbanos ou rurais, residenciais ou comerciais. Nesses casos os bancos financiam uma parte do valor total da venda, e o comprador paga a diferença direto ao vendedor.

O ideal é o comprador buscar esse recurso com o banco onde tem conta, mas existe também a possibilidade de outros bancos ou financeiras que em alguns casos oferecem taxas diferenciadas para conquistar novos clientes e muitas vezes esses bancos nos oferecem vantagens e até mesmo comissões atraentes pelas indicações, e cabe a você colega corretor analisar a proposta para ver se é viável ou não, lembrando que ao receber valores, você pode acabar assumindo responsabilidades pelo financiamento.

Logo no começo eu atuei como Correspondente da Caixa Econômica Federal, e foi muito promissor, pois eu mesmo cuidava dos procedimentos, e entregava os processos montados para a agência que dava andamento, e assim eu ganhava tempo, mas com várias mudanças de regras, acabei decidindo rescindir o contrato e não me envolver mais em financiamentos, até mesmo porque estava me tomando muito tempo, e as comissões foram diminuindo conforme a demanda de correspondentes aumentava.

Hoje em dia, eu sempre recomendo ao meu cliente levantar as possibilidades de financiamento antes mesmo de iniciar as buscas, e em alguns casos até indico a agencia onde tenho conta, mas deixando claro (e documentado por e-mail) que só estou indicando, e não tenho qualquer envolvimento nem responsabilidade na contratação do financiamento, e que tudo é resolvido entre instituição bancária e comprador.

Por adotar essa postura, não cheguei a ter problema de recusa de crédito, pois o cliente sempre tinha a pré-aprovação em mãos e com prazo de validade determinado, então trabalhei sempre sabendo até onde meu cliente poderia alcançar, porém, oriente seu cliente, pois ele deve estar ciente que estar pré-aprovado não garante 100% que ele conseguira o crédito, pois se nesse período ele tiver alguma restrição o banco poderá não liberar o crédito, e que na hora que for concluir o negócio ele precisará apresentar todos os documentos e comprovantes solicitados pela instituição financeira.

2 - Venda com Recursos do FGTS

Os recursos do FGTS poderão ser usados na aquisição, reforma e regularização de imóveis onde claro que nós corretores devemos nos informar e nos atualizar sobre as regras de utilização para que possamos orientar melhor nossos clientes. No geral os compradores podem usar o FGTS para pagamento total ou parcial na compra do imóvel, desde que se enquadrem as regras, e nós corretores devemos sempre estar bem informados e ter bom relacionamento junto à Caixa Econômica Federal, que inclusive oferece treinamentos sobre o assunto, junto ao CRECI que também oferece cursos e palestras sobre esse e muitos outros temas, assim como cartórios e advogados.

Todas as vezes que intermediei vendas com esses recursos, acompanhei os processos junto a Caixa Econômica Federal, mas com objetivo de aprender e entender melhor, porém, tudo é feito pelo banco e nosso papel é fornecer as informações e acompanhar o andamento.

3 - Venda com pagamento à vista

Alguns casos o comprador opta pela compra a vista, pois recebeu uma herança, ou ganhou um processo, ou conseguiu juntar o dinheiro por anos de trabalho, ou vendeu um imóvel... são várias as possibilidades, mas nesses casos, em particular, eu tomo muito cuidado, pois falamos de valores muito altos, e precisamos muito tomar cuidado e nos protegermos de crime de lavagem de dinheiro, por isso, jamais aceito transação, e nem mesmo receber comissão em dinheiro vivo, carro, ou outro tipo de negócio que fuja da normalidade.

Nesses casos de pagamentos à vista, procuro sondar o comprador de maneira discreta para saber de onde vem os recursos, e na hora dos pagamentos, sempre através de transferências bancárias ou cheques administrativos, pois são as maneiras mais seguras, e em caso de suspeita nós corretores de imóveis devemos comunicar imediatamente ao COAF, pois caso não façamos o comunicado, podemos ser responsabilizados e penalizados com processo administrativo, criminal e multa, sem contar no risco de perder o seu registro no CRECI.

Sempre que houver uma promessa de pagamento à vista, descreva da forma mais detalhada no Compromisso de Venda e Compra, e peça que o cartório faça o mesmo na escritura, pois se o cliente não tem nada a esconder, ele não terá do que se opor.

4 - Venda com permuta Parcial e total

Essa é a forma que considero mais complicada, pois se tratam de dois imóveis, e segunda a tabela referencial do CRECI, devemos cobrar comissão por cada imóvel envolvido, ou seja, receber no valor total da transação somando os dois imóveis, mas quem já fez esse tipo de tratativa, sabe o quanto é difícil, mas não é só isso, pois sempre, mas sempre mesmo, uma das partes vai tentar tirar alguma vantagem e nem sempre é um negócio justo.

O que já fiz por mais de uma vez, foi convencer o proponente com imóvel no menor valor de vender e usar o dinheiro para compra, e acreditem, o cliente ficou muito feliz, porque consegui na venda valor bem mais alto do que conseguiriam na permuta, e mesmo me pagando "feliz" os meus 6% teve uma diferença considerável e sempre que alguém fala em comprar vender ou alugar indica meu contato. Então ressalto aos colegas que não tenham medo de falar, propor, orientar, etc... pois mesmo que o cliente não entenda no primeiro momento, logo vai ver que fez bem em acreditar em seu tato e vai valorizar muito seus esforços.

Quando orientei o cliente a vender e usar o dinheiro para compra, eu estudei muito a situação antes de falar com ele, senão não teria feito, e apesar dos riscos envolvidos, estava confiante, pois era um imóvel com bastante procura, e com preço razoável, tanto que vendemos em poucos dias, então minha dica nesse caso é analise bem a situação e pense não somente na comissão, mas nos resultados para seus clientes.

5 - Penhora por falta de pagamento

Quando financiamos um imóvel nem sempre somos bem orientados e NUNCA lemos o contato de financiamento, até porque são "milhares" de páginas repetitivas e confusas... então uma dica valiosa é, oriente seu cliente sobre como funciona o financiamento ou oriente que ele busque informação antes, pois entre outras situações, o não pagamento pontual das parcelas, pode resultar na perda do bem, sem que seu cliente nem seja notificado, pois com algumas parcelas em atraso, os bancos podem simplesmente informar ao Cartório de Registro de Imóveis e fazer a retomada de forma administrativa e extrajudicial em um prazo bem curto e sem necessidade de um Processo Judicial.

Claro que não temos nada haver com isso, pois se o cliente comprou, financiou, recebemos nossa comissão, o problema é do comprador que assumiu o financiamento, porém, se você faz o seu papel de orientar corretamente e de forma proativa, seu cliente estará ciente dos riscos do negócio e estará muito mais confiante em seu trabalho, e acredite, isso vai te trazer indicações.

Os imóveis Penhorados por falta de pagamento são Leiloados, através de Leiloeiros oficiais, que publicam edital o colocam o imóvel a disposição para receber os lances, mas uma coisa que é legal orientar seu cliente é que nesse caso, o comprador que perdeu o imóvel não tem direito ao lance, e geralmente quem perde o imóvel fica frustrado porque além de perder o imóvel, geralmente ele é vendido por um valor muito menor do que realmente vale, só para que seja coberto o valor da dívida, e muitos compradores e investidores aproveitam para comprar imóveis com baixo custo, porém, nesses casos a compra só pode ser à vista e em pagamento único, e o comprador recebe o imóvel da maneira que estiver e assume os custos e dívidas do imóvel.

Apesar de não ter experiência nesse assunto e não trabalhar nessa área, tenho alguns clientes que compram esse tipo de imóvel para investimento e logo após reformam para venda ou locação, e geralmente compram por muito menos do que valem, e mesmo investindo com reforma e regularização, ainda conseguem ter muito lucro ao final.

6 - Venda com Contrato de Gaveta

É preciso muitos cuidados nesses casos, pois se está comprando um imóvel com esse tipo de contrato, é porque existe alguma questão pendente com a documentação, sendo assim o ideal mesmo é não se arriscar, porém, se por alguma razão você entender que é um bom negócio e fez todos os levantamentos possíveis e percebeu que pode ser feito, cuide bem dos detalhes para que seu cliente não fique no prejuízo, levante bem quem são os vendedores, as razões da venda, e busque certidões pessoais e do imóvel e tente alertar seu cliente de todos os riscos envolvidos no negócio, deixando sempre tudo bem documentado.

Minha experiência pessoal nesse caso foi em um condomínio que não tinha matricula individualizada, pois havia sido lançado por uma cooperativa que faliu, e logo depois os compradores formaram uma nova cooperativa, onde uniram forças e conseguiram finalizar a construção, e a documentação estava em faze de regularização tendo somente a Matricula Mãe, nesse caso, eu morava no condomínio, e como era perto de um Fórum, os apartamentos eram muito procurados por Advogados e Promotores de Justiça, aos quais atendi e mesmo os que não eram da área, eu sempre exigia que trouxessem seus advogados para ratificar o negócio, e todos foram a favor, e com isso, no período que morei nesse prédio negociei 21 apartamentos. Hoje, muitos anos após ainda tenho contato com a maioria dos compradores, até mesmo porque alguns colocaram os apartamentos para alugar comigo, e fiquei por muito tempo com as administrações, e todos ficaram satisfeitos, principalmente porque compraram por valores muito abaixo do praticado no mercado na ocasião, e hoje em dia todos têm suas escrituras definitivas e seus imóveis devidamente matriculados no Cartório de Registro de Imóveis.

7 - Venda com Objetivo de Usucapião

Usucapião é o direito que o indivíduo adquire em relação à posse de um bem móvel ou imóvel em decorrência da utilização do bem por determinado tempo, contínuo e incontestadamente. Em caso de imóvel, qualquer bem que não seja público pode ser adquirido através da usucapião.

ANTES DE FALAR SOBRE A VENDA, É NECESSÁRIO ENTENDER QUE EXISTEM TIPOS DISTINTOS DE USUCAPIÃO

A usucapião pode recair tanto sobre bens móveis quanto sobre imóveis, sendo a usucapião sobre bens imóveis ficará discriminada em três espécies: extraordinário, ordinário e especial (rural e urbana).

Usucapião Extraordinária, previsto no artigo 1.238 do Código Civil, tem como requisitos a posse ininterrupta de 15 (quinze) anos, exercida de forma mansa e pacífica com ânimo de dono, que poderá ser reduzida para 10 (dez) anos nos casos em que o possuidor estabelecer no imóvel a sua moradia habitual ou nele tiver realizado obras e serviços de caráter produtivo.

Usucapião Ordinária está prevista no artigo 1.242 do mesmo diploma legal e tem como requisitos a posse contínua, exercida de forma mansa e pacífica pelo prazo de 10 (dez) anos, o justo título e a boa fé, reduzindo esse prazo pela metade no caso do imóvel "ter sido adquirido, onerosamente, com base no registro constante em cartório, cancelada posteriormente, desde que os possuidores nele tiverem estabelecido a sua moradia, ou realizado investimento de interesse social e econômico", nos termos do artigo 1.242, parágrafo único do CC.

Usucapião rural, também denominado *pro labore*, tem como requisitos a posse como sua por 5 (cinco) anos ininterruptos e sem oposição, de área rural não superior a cinquenta hectares, desde que já não seja possuidor de qualquer outro imóvel, seja este rural ou urbano. Ainda apresenta como requisito o dever de tornar a terra produtiva por seu trabalho ou de sua família, tendo nela sua moradia.

Usucapião Urbana também denominada de *pro misero* ou pró-moradia, tem como requisitos a posse sem oposição de área urbana de até duzentos e cinquenta metros quadrados por 5 (cinco) anos ininterruptos, utilizando-a como moradia sua ou de sua família, sendo vedada a posse de qualquer outro imóvel. As usucapiões rural e urbana estão previstas nos artigos 1.239 e 1.240 do CC, respectivamente.

A Lei nº 12.424/11 acrescentou o art. 1240-A ao Código Civil, que prevê a possibilidade da usucapião da propriedade dividida com ex-cônjuge ou ex-companheiro que abandonou o lar àquele que exercer, por 2 anos ininterruptamente e sem oposição, posse direta, com exclusividade, sobre imóvel urbano de até 250 metros quadrados, utilizando-o para sua moradia ou de sua família e desde que não seja proprietário de outro imóvel urbano ou rural.

AÇÃO DE USUCAPIÃO

A ação de usucapião deve ser proposta pelo atual possuidor do imóvel, que fará juntar a inicial a planta da área **usucapienda** e a sentença que a julgar será registrada, mediante mandado, no respectivo Registro de Imóveis, sendo certo que a intervenção do Ministério Público será obrigatória.

Esta ação, por força do artigo 1.241 do CC, tem natureza declaratória, devendo ser ajuizada no foro da situação do imóvel, que será minuciosamente discriminado na inicial.

Voltando a venda... muitas vezes o Usucapião é uma forma mais barata de regularizar um bem imóvel, e em muitas vezes se aplica nesses casos o Contrato de gaveta, para que o comprador documente a posse e consiga depois disso regularizar a situação documental do imóvel, mas ainda sim, muito cuidado e procure se informar muito bem antes de assumir algum compromisso com seu cliente, pois também podem envolver riscos, pois o imóvel em questão pode estar em briga judicial, ter mais herdeiros que poderão brigar pela posse do imóvel, entre outras situações que podem surgir, então, se surgir esse tipo de transação, antes de concluir o negócio se informe muito bem, principalmente sobre os fatores que podem vir a ser impeditivos para aplicação do Usucapião.

Já tive um caso em que o imóvel era em um terreno dividido entre familiares, e foram construí-

das várias casas totalmente independentes, porém, nenhuma construção regularizada, e a cliente
proprietária queria vender por um preço bem abaixo para que o comprador regularizasse com uma
ação de usucapião, e apesar de ter mostrado, eu
não consegui um comprador, até porque não en-
tendia do assunto e preferi não continuar. A ultima
noticia que eu tive era que eles baixaram ainda
mais o preço, mas quase 1 ano depois ainda não
tinham vendido, e não sei como ficou e se regula-
rizaram ou conseguiram vender.

E TEM MUITO MAIS...

Existem ainda diversos tipos de venda, como de imóveis em área de Marinha, imóveis em área de preservação ambiental, imóveis com tombamento, entre outros, e minha recomendação é foco total na sua área de atuação, porém, surgiu uma situação que você desconheça, vai pra cima, estude, pesquise, se informe, mas ainda sim não está seguro para fazer o negocio, procure algum especialista, faça parceria, divida sim sua comissão, mas não perca o negócio e muito menos faça algo que não domina e que pode trazer prejuízo para seus clientes e para você no futuro.

Imagina, você vai vender um imóvel na praia, ou as margens de um rio, e o cliente te pergunta sobre o laudêmio... Eu mesmo passei por isso bem no começo, ao mostrar um apartamento na Praia Grande/SP, e claro que a cliente percebeu que eu não fazia ideia do que ela estava falando, fiquei muito sem graça, mas não perdi a compostura e disse a ela com toda "cara de pau", olha é minha primeira venda na praia de muitas que virão, e confesso que nunca ouvi falar em **LAUDÊMIO**, mas vou me informar, e esclarecer todas as suas dúvidas ainda em tempo...

A cliente riu e falou, "tudo bem, bom que você assim já se prepara para as próximas vendas", e é claro que saindo da visita entrei no site do CRECI e na mesma semana haveria na Quarta Nobre uma palestra sobre o tema, assisti, e depois ainda conversei com o palestrante que realmente era um mestre no assunto, e quando voltamos ao imóvel menos de uma semana depois eu estava totalmente munido das informações necessárias, e no final fui muito elogiado pelo casal, que fecharam negócio comigo e depois de tantos anos, ainda me procuram quando precisam de algo no Mercado Imobiliário.

Laudêmio é uma taxa sobre o valor venal ou da transação do imóvel a ser paga quando ocorre uma transação onerosa com escritura definitiva dos direitos de ocupação, ou aforamento de terrenos, como terrenos da Marinha do Brasil, da Igreja Católica Apostólica Romana ou do Ramo de Petrópolis da Família Imperial Brasileira, bem como demais particulares, não sendo, portanto, em termos jurídicos, um imposto, ou tributo.

O órgão responsável pela demarcação das áreas sobre as quais incide a cobrança de laudêmio da União é a Secretaria de Patrimônio da União (SPU), órgão vinculado ao Ministério do Planejamento.

O novo posicionamento adotado no novo Código Civil, na verdade já nos seus 14 anos de vigência, que pontifica em relação à "enfiteuse" (art. 678, C.C.), forma superada de constituição de direito real sobre coisa alheia, pois relegada para o capítulo das disposições transitórias. (Logo, surge daí a proibição da cobrança da taxa de transferência do contrato, denominada de "laudêmio" e, no contexto em foco, será vedada a "subenfiteuse", como meio de desestimular o contrato de enfiteuse).

O mercado imobiliário em todas as suas variáveis tem que ser seguro para todas as partes, e quando fazemos parceria para garantir que seja tudo feito da melhor forma de direito, não só garantimos um negócio seguro, mas também mostramos ao nosso cliente o quanto nos preocupamos com a segurança e o bem estar dele, pois abrimos mão da metade de nossos honorários para que seja realizado com todos as garantias e sem surpresas no futuro.

Esse ato não só demonstra ao cliente sua responsabilidade e caráter, mas faz com que aquele cliente tenha uma confiança muito grande em você e seu trabalho, e isso vai te trazer muito mais resultados, pois ele sempre vai lembrar de você quando precisar de algo ligado a corretagem, e sempre te indicará novos clientes que você poderá fidelizar e aumentar sua carteira de clientes fiéis e felizes com seu trabalho.

AVALIAÇÃO IMOBILIÁRIA

De extrema importância, mas muitas vezes ignorada, a avaliação pode ser um fator determinante em uma venda, pois com os valores atualizados e dentro de uma realidade de mercado fica muito mais fácil negociar e encontrar um comprador para o imóvel anunciado. Quando falamos em avaliação, nós precisamos entender e fazer com que nosso cliente entenda que existem a AVALIAÇÃO, e também uma ESTIMATIVA DE PREÇO, que apesar de bem parecidas no contexto, são bem diferentes, principalmente falando na precisão dos resultados.

ESTIMATIVA DE PREÇO X PARECER TÉCNICO DE AVALIAÇÃO MERCADOLÓGICA

Muitas vezes os clientes não entendem, mas nós Corretores de Imóveis devemos saber bem a diferença, pois uma estimativa é algo simples, sem compromisso, onde você corretor da uma simples ideia ao seu cliente de quanto o imóvel pode valer e isso pode acontecer de forma verbal, por e-mail ou de qualquer outra forma de comunicação, porém, deixando claro ao seu cliente que se trata de uma estimativa e não pode garantir a precisão, e geralmente é feita olhando anuncio de um ou dois imóveis com perfis parecidos na internet e como Avaliador, não recomendo essa pratica.

Em uma avaliação, nós elaboramos o PTAM – Parecer Técnico de Avaliação Mercadológica que é um documento que oferece de forma precisa os valores de venda e locação de imóveis, mostrando parâmetros comparativos, assim como detalhes dos imóveis avaliados, é um documento que tem um custo que deve ser consultado na Tabela Referencial do CRECI e deve ser seguido para que nosso trabalho seja sempre valorizado e possamos arcar com os custos, pois as avaliações requerem visitas aos imóveis, assim como pesquisas e consultas sobre os imóveis, além de muito tempo de trabalho.

O CRECI nos oferece gratuitamente o PROECCI (Programa de Educação Continua do Corretor de Imóveis), e o Curso de Perito Judicial, são dois cursos que se completam, pois o PROECCI te habilita a ser um AVALIADOR profissional e te permite se inscrever no CNAI – Cadastro Nacional de Avaliadores de Imóveis e elaborar o PTAM – Parecer Técnico de Avaliação Mercadológica, e o Curso de Perito Judicial te dá às diretrizes para ser nomeado por Juízes para Avaliações Judiciais, emitindo o Laudo que muitas vezes serão decisivos em ações judiciais.

Na hora da venda, é de extrema importância trabalhar com valores dentro de uma realidade de mercado seja para venda ou locação, pois um imóvel mal avaliado pode ser vendido muito abaixo do valor correto, trazendo prejuízo aos vendedores e até mesmo a você corretor que recebe menos por seus serviços, e se for avaliado por valor maior, corremos o risco de encalhar o imóvel por meses e até mesmo por anos.

Quase sempre os proprietários fazem uma auto avaliação supervalorizada de seus imóveis, e os interessados buscam sempre motivos para desvalorizar e pagar menos, nem sempre aceitam nossas sugestões ou estimativas e com uma avaliação bem feita, todos estarão cientes dos valores reais do bem e facilitará muito sua vida como corretor e nos trazendo maiores possibilidades de negócios.

AVALIAÇÃO JUDICIAL

Solicitadas por juízes em caso de ações judiciais por processos de separação, herança, dissolução de sociedade, desapropriação, ente muitos outros casos, o importante é que caso você decida atuar em avaliações tem que estar muito bem informado, e preparado para realizar um trabalho seguro, preciso e principalmente imparcial para que seus laudos não sejam questionados e tenham total credibilidade.

TABELA REFERENCIAL DE
HONORÁRIOS DO CRECI

A tabela de referencia do CRECI é o que nos direciona sobre a cobrança de forma justa de nossos honorários, pois devemos ter em mente que não é só cobrar 6% em caso de venda e 100% do primeiro aluguel em caso de locação ou 1% do valor avaliado nos casos de avaliações, e fazer qualquer coisa ou dar qualquer jeitinho, mas sim, quando intermediamos uma transação imobiliária, estamos assumindo responsabilidades que podemos ser extremamente úteis na realização do sonho da casa própria, ou de um bom retorno para um investidor que ser tornará nosso cliente fiel, mas também pode ser sinônimo de muito aborrecimento e transtorno, no caso de por qualquer razão deixarmos de verificar toda a documentação envolvida e tomarmos todos os cuidados devidos.

Imagine, seu cliente confia em você e em seu trabalho, segue todas as suas orientações, e fica tranquilo porque tem um CORRETOR DE IMÓVEIS devidamente capacitado para atendê-lo em suas necessidades, e de repente, ele descobre que por um mero descuido, comprou um imóvel que será leiloado por falta de pagamento de condomínio, ou de IPTU, ou por uma ação trabalhista que o antigo proprietário sofreu mesmo não sendo empresário, mas por uma assistente do lar.

Também tem questões ligadas a desapropriação, que devem ser observadas com certidões específicas emitidas pelas respectivas prefeituras, ou mesmo outras brigas judiciais.

Então, entenda caro colega corretor, não são 6% pra anunciar, mostrar e copiar um contrato da internet... são 6% devidamente recebidos por toda responsabilidade civil e criminal que assumimos, e por todos os cuidados e responsabilidades que devemos ter.

Assim como nas intermediações de compra e venda, nas locações devemos tomar todos os cuidados possíveis, pois também é muito grande nossa responsabilidade, por que em uma locação onde recebemos 100% do primeiro aluguel, também devemos observar situações como a propriedade do imóvel no caso do proprietário, a regularidade de sua documentação e dos locatários.

Devemos observar sua documentação, usando todos os critérios de analise de crédito, histórico bancário, e no meu caso, costumo inclusive buscar certidões criminais e cíveis, pois, preciso saber se já não há alguma ação de despejo protocolada contra o proponente locatário, ou mesmo criminal, por estelionato, ameaça, entre outros, e acreditem isso já me livrou de muitas situações, pois o cliente apresenta um bom histórico de crédito, mas tem um B.O. por ameaça, ou já sofreu ação de despejo anterior.

Sendo assim meus colegas corretores, devemos sim ser muito bem remunerados, não só pelos nossos serviços prestados que por si só são muito trabalhosos, mas também por toda responsabilidade que assumimos, e também devemos observar cuidadosamente essa questão da cobrança dos nossos honorários para que não venhamos a cometer falta ética por pratica de concorrência desleal cobrando abaixo do mercado para atrair cliente de outros corretores. Lembrando bem da amplitude do Mercado Imobiliário, e que agindo corretamente, temos lugar para todos.

Outra questão referente aos nossos honorários, é a pratica do Fifty, ou seja, um corretor tem o cliente comprador, e o outro tem o cliente vendedor, em comum acordo, e de preferência de forma documentada, através de um simples contrato de parceria, os dois podem unir forças, atender as necessidades de comprador e vendedor, e assim ganham 50% dos honorários devidos, lembrando como já disse antes e não canso de repetir, *"É MELHOR 50% DE ALGUMA COISA, DO QUE 100% DE NADA!"*

DOCUMENTOS E CERTIDÕES
PARA VENDA DE IMÓVEL

Tudo ok com seus compradores, vamos aos vendedores e ao imóvel, pois você deve saber que para o imóvel possa ser vendido, os vendedores precisam provar que o imóvel pode ser vendido, e que eles também estão em situação legal para vender o referido imóvel, e isso se prova através dos documentos e certidões listados a seguir:

Obs.1: É importante que se entenda que o vendedor, ou vendedores, sejam esses pessoas físicas ou jurídicas, devem provar que assim como o próprio imóvel, eles estão em situação legal para venda.

Obs.2: Todas as certidões que se referem aos vendedores devem ser emitidas na cidade onde o imóvel está localizado e na cidade onde o vendedor, ou vendedores residem, ou tenham negócios.

Estou usando como base a cidade de São Paulo, onde estamos instalados, mas os procedimentos são muito parecidos em qualquer cidade do país.

DOCUMENTOS, CERTIDÕES E DECLARAÇÕES DO IMÓVEL

COMPROMISSO DE VENDA E COMPRA

O COMPROMISSO DE VENDA E COMPRA que pode ter outras denominações, como INSTRUMENTO PARTICULAR COMPROMISSO DE VENDA E COMPRA, entre outros nomes, é o documento particular firmado entre as partes, geralmente gerado por um Corretor de Imóveis/Imobiliária ou Advogado que garante a realização do negócio assumido por vendedores e compradores bem como todos os detalhes da negociação, basicamente é onde o vendedor se obriga a vender o bem de acordo com o que foi acordado entre as partes levando em conta prazos, valores, condições de pagamento entre outros detalhes pertinentes aquela determinada intermediação.

No compromisso, devemos nos atentar a detalhar minuciosamente tudo o que for acordado entre as partes, com cláusulas claras e imparciais, onde devemos fazer constar todos os documentos e certidões apresentados, e tudo o que for parte integrante da intermediação, inclusive sobre seus honorários, detalhando valores e porcentagem cobrados.

Erroneamente chamado de CONTRATO DE COMPRA E VENDA, pois nesse caso existe um acordo, um compromisso e nada está sendo contratado, diferente de um CONTRATO DE LOCAÇÃO ou contratação de algum serviço, como no CON-TRATO DE ADMINSTRAÇÃO DE BENS IMÓVEIS, devemos estar sempre atentos a esses detalhes, pois uma vírgula fora de lugar pode comprometer totalmente um Compromisso de Venda e Compra, ou mesmo um contrato de Locação.

MINUTA CONTRATUAL

É imprescindível antes da assinatura de qualquer contrato ou compromisso, enviar aos interessados uma MINUTA (modelo) do documento que será assinado para que as partes envolvidas possam ler e avaliar e se for o caso solicitar correções ou considerações e muito importante se estiver tudo certo, receber o "OK" de cada envolvido.

A minuta aprovada é uma garantia de que você fez seu trabalho da melhor forma, e preocupado em manter a imparcialidade do negócio, e depois de aprovada por ambas as partes, você estará legalmente respaldado, porém, caso uma das partes solicite qualquer alteração, você deverá imediatamente comunicar a outra parte para que aprove ou não, e caso não haja a aprovação, você deverá intervir e negociar um acordo entre as partes, finalizando e levando para assinatura somente depois de tudo esclarecido e devidamente acordado.

CONTRATO DE VENDA COM FINANCIAMENTO BANCÁRIO

NESSES CASOS SIM ao termo CONTRATO, pois você está contratando o financiamento e através deste comprando o imóvel. O CONTRATO DE VENDA COM FINANCIAMENTO é um documento que além das cláusulas, termos e condições do financiamento, informa de quem é a propriedade do imóvel. O contrato feito por agente financeiro que participe do SFH ou do SFI tem força de escritura pública e poderá ser usado para registrar na matricula do Imóvel a troca de titularidade.

Certidão De Matrícula – Esta certidão deve ser a primeira a ser apresenta, pois nela consta informações como localização da propriedade, metragem, proprietários atuais, transmissões, origem da compra e venda por meio de instrumento particular, contrato de financiamento pelo SFH ou escritura pública, benfeitorias, observações, averbações e demais informações que possam conter junto ao Cartório de Registro de Imóveis.

Esta certidão também declara que o imóvel não possui pendências como, por exemplo: alienação, penhora, arrolamentos, inventários, e impostos atrasados, que possam ser empecilhos à sua venda.

A certidão deve ser solicitada no Cartório de Registro de Imóveis, onde o imóvel em questão está matriculado, e tem um custo que deve ser consultado diretamente no cartório, geralmente a emissão é na mesma hora.

Lembrando que cada Cartório de Registro de Imóveis atende a uma determinada região, e em cidades pequenas que ainda não tem geralmente o cartório fica em uma cidade vizinha.

Obs.: Apresentar a escritura não se faz necessária nesses casos, porque se trata tão somente de um documento público que valida o acordo de venda e compra entre as partes envolvidas.

Certidão Conjunta De Débitos De Tributos Imobiliários – Esta certidão é usada para verificar se há dívidas imobiliárias junto à prefeitura, como por exemplo, dividas de IPTU, de coleta de lixo, etc. Ela verifica também se há dívidas de ISS e outras taxas de empresas, entidades e autônomos (alvarás, placas, pintura de fachadas, etc.), a certidão é emitida gratuitamente e abrange os tributos: IPTU, Contribuições referentes às Melhorias, taxas anteriores ao exercício de 2000 (Taxa de Conservação, Taxa de Limpeza e Taxa de Combate a Sinistros). Não abrange a Taxa do Lixo (TRSD e TRSS) e o ITBI, e no município de São Paulo pode ser emitida com número do IPTU no site da Prefeitura, e dependendo do município poderá ser emitido no site de sua prefeitura, ou em atendimento presencial.

Existem outras certidões que abrangem tombamento, desapropriações, entre outras informa-

ções, *mas variam e devem ser avaliadas de caso a caso.*

Declaração De Quitação De Débitos Condominiais – Deve ser solicitada em caso de imóvel em condomínio, e deve ser emitida pela administradora do condomínio, deve estar assinada pelo síndico no exercício da função com firma reconhecida em cartório. e acompanhada de cópia autenticada da Ata de Eleição que elegeu o síndico.

Os custos desta declaração podem variar de acordo com a administradora.

Esta Declaração aponta qualquer dívida com o condomínio, desde taxa condominial, rateios, multas, etc.

DOCUMENTOS E CERTIDÕES
DOS VENDEDORES

Cópias Autenticadas dos Documentos Pessoais – Os Vendedores deverão fornecer cópias autenticadas em cartório do RG, CPF, Certidão de Nascimento/Casamento (atualizada) e Comprovante de Residência, e em caso de Pessoa Jurídica, deve-se acrescentar o cartão atualizado do C.N.P.J. e o Cópia autenticada do Contrato Social, acompanhado da última alteração.

Todas as certidões abaixo deverão ser solicitadas em nome de todos os envolvidos qualificados como vendedores e se for o caso, das Pessoas Jurídicas também.

CERTIDÕES CÍVEIS

No estado de São Paulo, esse conjunto de certidões pode ser emitido gratuitamente, e são divididas em:

Ações Cíveis – Esta certidão informa a existência de processos de natureza cível contra pessoa ou empresa pesquisada, referentes a todas as Comarcas/Foros Regionais e Distritais do Estado de São Paulo, e apresenta informações relativas a ações cíveis, execuções fiscais, execuções e insolvências cíveis, falências, recuperações judiciais, recuperações extrajudiciais, inventários, interdições, tutelas e curatelas distribuídas aos órgãos julgadores do Tribunal de Justiça.

Família E Sucessões – A Certidão da Vara de Família e Sucessões aponta processos e litígios relacionados a temas como inventários, testamentos, separação judicial, divórcio, anulação de casamento, investigação de paternidade, ação de alimentos, entre outros.

Falências, Concordatas, Recuperações Judiciais E Extrajudiciais – Tal certidão é documento fundamental exigido em licitações, visando comprovar a existência de algum pedido de falência ou concordata da pessoa jurídica.

Execuções Fiscais Estaduais E Municipais – Esta certidão tem como finalidade comprovar a existência ou não de dívidas tributárias junto a órgãos municipais e estaduais no período de 10 anos, 20 anos ou mais de 20 anos.

Inventários, Arrolamentos E Testamentos – Essa certidão tem por finalidade, informar a existência ou não de processos que recaiam sobre o seguinte conteúdo inventário, testamento e arrolamento.

O inventário é aberto quando ocorre o falecimento de uma pessoa física para informar e descrever todos os bens e direitos que serão partilhados para aqueles que legalmente têm direito.

O testamento se formaliza antes do falecimento, onde a pessoa declara à sua vontade, em um processo formal a divisão de seus bens e direito para pessoa de sua preferência, sendo que nesse tipo de processo pode haver intervenção jurídica, devido alguns herdeiros legítimos e legais não receberem nada ao que têm direitos.

O arrolamento se define igualmente ao de inventário sendo que esse trâmite é de uma forma mais célere sendo somente permitidos em caso que preencha seu requisito como a partilha amigável entre os herdeiros, os bens seja igual ou inferior a 2.000 OTN (Obrigações do Tesouro Nacional), também em caso de garantia de pagamentos de dívidas trabalhistas ou previdenciárias. Quando o imóvel está sendo arrolado, essa informação constará na Matricula Atualizada.

Distribuições De Ações Criminais, E De Antecedentes Criminais – Tais certidões informam a existência de processos nos Fóruns da Justiça Federal do Estado, é também conhecida como Certidão Nada Consta. Estas certidões atestam também a existência ou não de pendências criminais junto ao Instituto de Identificação da Polícia Civil, Órgão da Secretaria de Segurança Pública de cada estado ou Polícia Federal, ou até mesmo a necessidade de arrolamento do bem para pagamento de indenizações como, por exemplo, em caso de ser réu em um acidente de transito e tenha que indenizar a vítima ou seus familiares.

Essas certidões todas podem ser emitidas através do site do Tribunal de Justiça de São Paulo, e são de *competências Estaduais e Municipais, e fazem uma analise retroativa por um período de 10 anos.*

Certidão Negativa De Débitos Relativos Aos Tributos Federais E À Dívida Ativa Da União – Essa certidão é emitida gratuitamente, e verifica se existem pendências em seu nome, relativas a créditos tributários administrados pela Secretaria da Receita Federal do Brasil (RFB) e a inscrições em Dívida Ativa da União (DAU) junto à Procuradoria-Geral da Fazenda Nacional (PGFN), essa certidão pode ser emitida gratuitamente no site da Receita Federal do Brasil, e é de abrangência nacional.
No caso de haver qualquer pendência, esta certidão não será emitida pelo site, e nesse caso existe, também, a:

Certidão Positiva de Débitos com Efeito de Negativa (CPEN) e a Certidão Positiva (CP) – A Certidão Positiva com Efeito de Negativa (CPEN) é emitida quando há dívidas com entes públicos e tais dívidas estão com suas exigibilidades suspensas ou estão totalmente garantidas por penhora constituída em ação judicial de execução fiscal. A CPEN também pode ter sua emissão motivada por decisão judicial. Assim, a certidão positiva com efeito de negativa tem o mesmo valor que uma certidão negativa de débitos, uma vez que, é usada para comprovar a regularidade fiscal do contribuinte.

CERTIDÕES TRABALHISTAS – No estado de São Paulo, esse conjunto de certidões pode ser emitido gratuitamente, e são divididas em:

Certidão De Distribuição De Ações Trabalhistas – Essa certidão é emitida gratuitamente, e aponta se existem ações trabalhistas em tramitação, e pode ser emitida através do site do Tribunal Regional do Trabalho de São Paulo, e abrange todo o estado.

CNDT (Certidão Negativa de Débitos Trabalhistas) – Essa certidão é emitida gratuitamente pelo TST (Tribunal Superior do Trabalho), e aponta dívidas referentes a processos trabalhistas já julgados em todo território nacional através do Banco Nacional de Devedores Trabalhistas, e pode ser acessada através do site do Tribunal Superior do Trabalho.

Certidão Negativa de Débitos Previdenciários – Esta certidão tem como finalidade comprovar a regularidade em relação às contribuições da previdência, incluindo também as inscrições em dívida ativa do INSS, porém, pode ser substituída caso o VENDEDOR, declarar expressamente e sob as penas da lei não ser empregador e nem produtor rural, não ter empregados nem contratar serviços de mão de obra, e também por não comercializar produção agrícola ou industrial, nem ser responsável por recolhimento de contribuições à Previdência Social, neste caso não está, portanto, incurso nas restrições constantes das Leis Previdenciárias, apresentando para o ato da venda, as certidões de propriedade com negativa de ônus e alienações, tendo para os fins previstos no Decreto nº 93240/86, que regulamentou a Lei Federal nº 7433/85;

Certidões Emitidas Nos Cartórios De Protesto – Esta certidão visa à comprovação da existência ou não de dívidas junto aos cartórios de protestos, podemos citar como exemplo o protesto de notas promissórias, protesto de cheques e ainda protesto de duplicatas. No caso do município de São Paulo, existem 10 Cartórios de Protesto, e a emissão se concentra no Serviço Central de Protestos de Títulos, situado à Rua XV de Novembro, 175, no Centro de São Paulo, próximo à estação Sé do metro. Certidões de protesto, também podem ser solicitadas pelo site www.protestosp.com.br/certidoes.

Certidões JUCESP e CDT – Particularmente, apesar de não ser de praxes, eu recomento a emissão dessas certidões, pois apontam se há participação societária em alguma empresa por parte de algum dos vendedores. No município de São Paulo, essas certidões são emitidas presencialmente, mediante pagamento de uma taxa que deverá ser previamente consultada. A JUCESP fica na Rua Barra Funda, 836, Barra Funda, SP, e o CDT fica na Rua XV de Novembro, 215, Centro, SP

As certidões com emissão on-line geralmente saem na mesma hora, porém, se houver algum apontamento, pode levar até 5 dias úteis, porém, deve-se entender que, ter algum apontamento não quer dizer propriamente que seja um impedimento, pois cada caso deverá ser detalhadamente analisado e avaliado, e dependendo do apontamento, deverá ser solicitada uma Certidão de Objeto e Pé.

Certidão de Objeto e Pé – Essa Certidão serve para nos esclarecer o Objeto do Processo, ou seja, o que está em discussão, até mesmo para que se entenda se no referido apontamento o vendedor se configura como requerido ou requerente, e em que pé está, sendo que em muitos casos os processos já foram até finalizados deixando de serem impedimentos legais.

DISTRATO NOS COMPROMISSOS DE VENDA E COMPRA E OS HONORÁRIOS NESSES CASOS

Infelizmente o distrato é algo que precisamos considerar sempre, e em alguns casos ocorre porque não houve uma preocupação de levantar as possibilidades de credito antes de assinar um compromisso, porque surgiu algum impedimento com as certidões, ou mesmo porque simplesmente uma das partes desistiu para tentar vender mais caro pra outro interessado, ou o comprador de decidiu mudar o foco da sua compra.

Por isso, temos a necessidade de deixar muito claro no COMPROMISSO DE VENDA E COMPRA que a parte desistente de forma injustificável ficará responsável por pagar além das despesas e multa a outra parte, os honorários pela intermediação imobiliária, o que não se aplicará se o destrato ocorrer por alguma falha ou descuido de quem está intermediando. Por isso, todo cuidado é pouco com toda documentação envolvida. Portanto, leia todas as dicas deste livro com atenção, e sendo repetitivo estude, se informe e na dúvida, converse e esclareça antes que a sua dúvida vire um problema e traga prejuízos a você e um de seus clientes.

O distrato também deve ser documentado, e as razões deverão ser analisadas antes de qualquer tomada de decisão, mas seja como for, lembre-se que mesmo aquele cliente que está fazendo o distrato, poderá continuar como seu cliente, desde que você cuide de tudo de forma imparcial e respeitosa, e considere todas as informações recebidas sempre deixando tudo bem documentado.

DOCUMENTAÇÃO OK, AGORA VAMOS AO REGISTRO EM CARTÓRIO

Recolhimento de ITBI ou ITCMD

ITBI – Imposto de Transmissão de Bens Imóveis Inter-Vivos, e é previsto na Constituição Federal/1988, no artigo 156, inciso II.

ITCMD – Imposto Sobre a Transmissão Causa Mortis ou Doação

A Constituição Federal de 1988 estipulou que o ITCMD competiria aos Estados e ao DF (art. 155, I), enquanto os municípios ficariam com o ITBI (art. 156).

Apesar do ITCMD de não estar ligado diretamente à corretagem, é bom termos uma noção e saber a diferença entre os impostos de transmissão de bens, e em caso de avaliação para partilha de bens por exemplo, é bom sabermos e termos uma noção, até mesmo porque os herdeiros tem prazo para recolher o imposto.

Assim como o ITBI, o ITCMD é um imposto que deve ser pago ao adquirir/transmitir bens imóveis. A diferença, porém, é que o ITCMD só é pago no caso da transmissão de bens imóveis por doações em caso de falecimento, por isso, inclusive, se chama Imposto sobre Transmissão Causa Mortis e Doação.

O ITCMD (ou ITCD) é um tributo a ser pago para os Estados e Distrito Federal, e o pagamento deste imposto é devido em dois casos específicos: quando há transmissão de bens por doação (inter-vivos) ou "causa mortis". A quantia a ser paga envolve o valor venal e, geralmente, sua alíquota varia de 2% a 4%, dependendo do Estado.

O ITBI é um tributo municipal que é obrigatório quando acontece qualquer aquisição imobiliária. Ele deve ser pago para assegurar a transferência do imóvel ao novo comprador. No caso de não haver o pagamento, o imóvel não é transferido e a documentação não é liberada.

O ITBI é válido para qualquer imóvel que ocorra transferência de propriedade e é pago diretamente à prefeitura de onde está o imóvel, geralmente as guias são emitidas no próprio site e o comprovante de recolhimento deverá ser juntado aos documentos enviados para registro.

Não vou falar sobre base de cálculos, porque isso varia de município pra município, mas como exemplo a Cidade de São Paulo, o ITBI é calculado pelo valor maior (considerando valor venal, valor de mercado e valor de venda), e a porcentagem é de 3%

NÃO INCIDÊNCIA DE ITBI

O ITBI não incide sobre a transmissão dos bens ou direitos:

I – quando efetuada para sua incorporação ao patrimônio de pessoa jurídica em pagamento de capital nela subscrito;

II – quando decorrente da incorporação ou da fusão de uma pessoa jurídica por outra ou com outra.

A não incidência não se aplica quando a pessoa jurídica adquirente tenha como atividade preponderante a venda ou locação de propriedade imobiliária ou a cessão de direitos relativos à sua aquisição.

Em caso de perda do comprovante de recolhimento do ITBI, o comprador poderá solicitar na prefeitura de acordo com suas regras uma Certidão de Recolhimento de ITBI.

"Lembrando que para o registro, além da comprovação de recolhimento de ITBI, o imóvel não poderá ter dividas de IPTU e demais tributos imobiliários, e se houver, o comprador estará assumindo tais dividas e precisará estar ciente disso".

DESPESAS COM REGISTRO

Todas as despesas que envolvem o registro do imóvel correm por conta do comprador, e o mesmo deve estar ciente desde o começo das negociações que além do valor que está pagando pelo bem, terá um custo total aproximado de 6,5% do valor final da transação.

REGISTRO DE IMÓVEIS
DE FORMA SIMPLIFICADA

Existem algumas regras para registro em cartório, e que devem ser observadas em cada transação, pois como já disse antes, cada intermediação é um mundo diferente, então vamos as mais comuns.

VENDA PELO SFH

Nas vendas pelo Sistema Financeiro de Habitação, o próprio contrato de financiamento firmado entre as partes e a instituição bancária será levado juntamente com todos os documentos pessoais e o comprovante de recolhimento de ITBI e a Certidão de Tributos Imobiliários ao Cartório de Registro de Imóveis onde o imóvel em negociação está matriculado, e será feito o registro, ficando o próprio contrato como Escritura Pública de Venda e Compra, não sendo necessário pagar por esse documento, mas sim pelo registro em matricula.

Quem compra imóvel financiado, precisa registrar o contrato de compra e venda com financiamento em Cartório de Registro de Imóveis para se tornar de fato o proprietário do bem. Pelo código civil brasileiro, a transmissão do direito de propriedade se dá com o ato de registro do contrato em cartório e não com a posse do imóvel.

A escritura ou o contrato de venda com financiamento é um documento que informa de quem é a propriedade do imóvel. No entanto, essa informação precisa ser registrada em cartório para ter validade legal.

Somente após essa medida, é que o comprador se torna oficialmente o dono do imóvel adquirido. "Quem não registra não é dono. Você só terá o direito de propriedade na hora em que você registrar a sua escritura ou seu contrato em cartó-rio".

Em casos de imóveis financiados pelo SFH, sendo a primeira aquisição e de imóvel residencial, o comprador *poderá* ter um desconto 50% com registro, mas esse desconto não se aplica a escritura e nem ao ITBI, e as regras deverão ser consultadas junto ao Cartório de Registro de Imóveis.

VENDA À VISTA

Nas vendas onde o pagamento seja feito a vista, ou mesmo com permuta total ou parcial sem a intervenção de agente financeiro, o registro terá início através do Cartório de Notas para elaboração do documento de Escritura Pública de Venda e Compra.

Qualquer cartório poderá fazer a escritura, porém, é de praxes que o comprador escolha o cartório de sua preferência, e se não houver, aí sim, no meu caso eu costumo indicar algum de confiança, onde eu tenha relacionamento e facilidade de esclarecer qualquer fato que venha a surgir.

O próprio Cartório de Notas, assim que assinada a Escritura Pública enviará o documento junto com os demais necessários para registro junto ao Cartório de Registro de Imóveis.

Lógico que o registro de Imóveis não se resume a essas informações, porém, são os casos mais frequentes, e como corretores de imóveis devemos nos informar sempre mais e estar sempre preparados para as mais variadas situações.

DOCUMENTOS E CONSULTAS NECESSÁRIAS PARA LOCAÇÃO

Lei do Inquilinato – nº 8.245/91: é ela quem regula o mercado de aluguéis residenciais e não residenciais, e tanto Locador como Locatários devem ter uma noção sobre seu conteúdo antes de fechar um negócio, porém, o corretor de imóveis que decidiu trabalhar com locações, deverá se inteirar e se atualizar constantemente, principalmente no que tange os direitos e deveres de ambas as partes.

Documentos Necessários para Locação de Imóveis – Nesta relação estão todos os documentos necessários para analise do seu cadastro.

LOCATÁRIO PESSOA FÍSICA

- RG e CPF (de cada integrante do contrato);
- Comprovante de rendimento superior a 03 (três) vezes o valor do aluguel líquido;
- Comprovante residência (Luz, Água ou Telefone);
- Os três últimos recibos de pagamento se estiver pagando aluguel;
- Ficha cadastral preenchida e assinada.

OBS: É possível a composição de renda familiar, neste caso todos figurarão no contrato como locatários e deverão apresentar ficha de cadastro e documentação comprobatória e ter seus cadastros aprovados.

LOCATÁRIO PESSOA JURÍDICA

- Contrato social e todas as alterações contratuais da empresa;
- Cartão do CNPJ;
- Último balanço e balancete (assinado e carimbado pelo contador com o número de CRC);
- Ficha de inscrição Estadual ou Municipal;
- Última declaração de imposto de renda da empresa;
- Comprovantes de propriedades da empresa (se possuir);
- Comprovante de endereço da empresa;
- Ficha cadastral detalhada com referência da empresa;
- RG e CPF, cópias autenticadas dos titulares da empresa que tenham poderes para agir por conta dos demais (preencher ficha cadastral de cada sócio);
- Estado civil (certidão de casamento) dos titulares da empresa;
- Comprovante de residência dos titulares da empresa.

FIADOR PESSOA FÍSICA

- RG e CPF (se casado, do casal);
- Comprovante de rendimento superior a 4 (quatro) vezes o valor do aluguel líquido;
- Comprovante de residência (Luz, Água ou Telefone);

- Matrícula atualizada do imóvel, dentro do prazo de validade de 30 dias;
- Declaração de Imposto de Renda completa;
- Ficha cadastral preenchida e assinada.

Observação: *Fiador deverá ser proprietário de um imóvel quitado e livre de qualquer ônus, localizado no mesmo município do imóvel locado.*

FORMAS DE COMPROVAÇÃO
DE RENDIMENTOS

Assalariados

- Três últimos contra cheques, holerites;
- Fotocópia da carteira de trabalho (folhas de qualificação, foto e dados do contrato de trabalho);
- Declaração de Imposto de Renda completa.

Autônomos ou Profissionais Liberais

- Declaração de Imposto de Renda completa;
- Declaração de rendimentos atuais (DECORE), assinada pelo contador com o número do CRC;
- Contratos particulares de prestação de serviços (se houver);
- Seis últimos extratos bancários comprovando através de movimentação regular.

Empresários

- Contrato Social e última alteração da empresa em que é sócio proprietário ou administrador;
- Cartão do CNPJ;
- Declaração de Imposto de Renda completa;

- Declaração de rendimentos atuais (DECORE), assinada pelo contador com o número do CRC.

Aposentados ou pensionistas

- Comprovante de recebimento de aposenta-doria ou pensão;
- Declaração de Imposto de Renda completa.

Além da documentação necessária para locação e todas as consultas realizadas, precisamos enten-der as diferenças entre tipos de locações, de ga-rantias, prazos, suas implicações legais e a impor-tância das vistorias inicial e final, com fotos e lau-do descritivo da situação do imóvel.

TIPOS DE LOCAÇÃO RESIDENCIAL E NÃO RESIDENCIAL

Locação Residencial é aquela destinada exclusivamente à moradia do locatário ou da família não podendo o imóvel ser sublocado, e também onde deve se respeitar entre outras questões o prazo mínimo de 30 meses de acordo com a Lei do Inquilinato.

Ao final do prazo do contrato, o locador só tem direito à retomada nos contratos verbais ou escritos caso não haja manifestação contraria por escrito com no mínimo 30 dias de antecedência. Nesse caso, o imóvel poderá ser retomado somente por denúncia cheia ou motivada (para uso próprio, de descendente) ou denúncia vazia se a vigência ininterrupta da locação ultrapassar cinco anos (art. 47, I a V da Lei 8.245/91), e nos contratos com o prazo de 30 meses ou mais o imóvel poderá ser retomado pela denúncia vazia (sem precisar alegar qualquer motivo) (art. 46 da Lei 8.245/91).

Locação Não Residencial (comercial) é aquela destinada para instalação de escritórios, comércio, indústria ou qualquer outra atividade que não seja residencial. Ao final do prazo do contrato, o locador tem direito à retomada pela denúncia vazia (artigo 57 da Lei 8.245/91, Lei do Inquilinato).

Não há limite de prazo para contratos de Locação Não Residencial, que poderá ser até verbal, mas naturalmente o inquilino vai querer um prazo longo, pois ele vai investir em adaptações para o seu negócio, bem como fazer construções, ou querer ter o direito à ação renovatória, quando deverá ter 5 anos de contrato, ou vários contratos ininterruptos que resultem em 5 anos.

O ALUGUEL NAS LOCAÇÕES RESIDENCIAL E NÃO RESIDENCIAL

Devemos ter em mente que a locação se forma a partir de um acordo livre de vontades, onde, presume-se, não há vantagens para as partes, porque, também, deve imperar a cláusula geral da boa-fé objetiva.

Nesse sentido, quando um locador pretende disponibilizar seu imóvel para a locação, deve indicar o valor desejado para que seja objeto de negociação. Processo este onde devem ser compatibilizados os interesses envolvidos, mas que o valor seja razoável e o mesmo praticado pelo mercado imobiliário.

Como já colocado, na locação de imóveis as partes têm o livre-arbítrio para convencionarem o valor do aluguel como lhes melhor servir, cada um cedendo na proporção que achar mais justa, sem que haja prejuízos. Para confirmar tal assertiva, a lei do inquilinato é clara ao estabelecer que o aluguel poderá ser livremente acertado pelas partes, de acordo com o que dispõe o art. 17:

Art. 17. É livre a convenção do aluguel, vedada a sua estipulação em moeda estrangeira e a sua vinculação à variação cambial ou ao salário mínimo. Parágrafo único. Nas locações residenciais serão observados os critérios de reajustes previstos na legislação específica." (BRASIL, 1991).

Assim sendo, o locador poderá publicar o valor de aluguel que achar justo razoável, e, por seu turno, o locatário terá o direito de contrapropor novo valor de aluguel. Portanto, o que for decidido será fixado em contrato de locação ou em acordo extrajudicial.

Quaisquer decisões no âmbito das relações locatícias, a razoabilidade, deverá estar sempre acompanhada do princípio da boa-fé objetiva, e dos deveres anexos da cooperação, da confiança e da lealdade.

RESPONSABILIDADE DO CORRETOR
NA LOCAÇÃO

O trabalho do corretor de imóveis deverá essencialmente, intermediar transações imobiliárias abrangendo responsabilidades tais como estar apto a compreender as necessidades do cliente, avaliar as possibilidades e situação do mercado, prestar esclarecimentos sobre segurança ou risco do negócio, fornecer, com clareza, todas as informações necessárias às partes interessadas e acompanhar a negociação até seu desfecho, ou seja, assinatura do contrato de locação.

Justamente por isso, a análise detalhada de cada documento apresentado, é de extrema importância, devido ao grande número de transações de imóveis e outros bens que, como são cada vez mais comuns, fazem com que aumentem as responsabilidades do corretor de imóveis, em muitos casos, podendo causar prejuízo a qualquer das partes.

A responsabilidade civil do corretor de imóveis, tendo como destaque o atual Código Civil e Código de Defesa do Consumidor, viu-se que o trabalho do corretor de imóveis envolve atividades que vão além da apresentação do imóvel ao cliente e fechamento da venda, abrangendo qualificações como zelo, prudência e conhecimento de todos os aspectos que envolvem a negociação, de modo a prestar, espontaneamente, todos os esclarecimentos e informações sobre a segurança e riscos do negócio, com base na probidade, confiança e boa-fé.

Ainda assim, conforme mencionado, nas transações imobiliárias, muitas vezes a negociação envolve riscos e insegurança, e quando isto se dá, tem lugar a questão da responsabilidade civil, por parte do corretor de imóveis, de perdas e danos decorrentes da transação.

PRAZOS DE LOCAÇÃO

Muitos locatários questionam o fato que proprietários e imobiliárias fazem questão de alugar seus imóveis por prazos de no mínimo 30 (trinta) meses. Outras imobiliárias alugam por 12 (doze) meses. Mas de acordo com a Lei do Inquilinato, é livre a estipulação de qualquer prazo que se entender desde que exista acordo entre o locador e locatário (Artigo 3º da Lei do Inquilinato- Lei 8.245/91). Muito embora o prazo da locação seja de livre estipulação ainda se discute qual é o prazo ideal e se isso pode afetar nos direitos e deveres das partes da relação locatícia.

LOCAÇÃO COM PRAZO IGUAL AO SUPERIOR A 30 (TRINTA) MESES LEI 8.245/91ª

Art. 46. *Nas locações ajustadas por escrito e por prazo igual ou superior a trinta meses, a resolução do contrato ocorrerá findo o prazo estipulado, independentemente de notificação ou aviso.*

§ 1º Findo o prazo ajustado, se o locatário continuar na posse do imóvel alugado por mais de trinta dias sem oposição do locador, presumir - se - á prorrogada a locação por prazo indeterminado, mantidas as demais cláusulas e condições do contrato.

§ 2º Ocorrendo a prorrogação, o locador poderá denunciar o contrato a qualquer tempo, concedido o prazo de trinta dias para desocupação.

Nas locações com prazo igual ou superior a 30 (trinta) meses a locação termina ao final do prazo, independentemente de notificação, aviso ou motivo. Ou seja, terminou o prazo de 30 (trinta) meses o proprietário poderá simplesmente pedir o imóvel e o locatário poderá entregar sem pagar multa ou qualquer tipo de indenização. Por outro lado se o proprietário e inquilino desejarem, poderão continuar a locação que passará a vigorar por prazo indeterminado.

Vigorando por prazo indeterminado qualquer uma das partes poderá terminar a locação bastando dar um aviso com no mínimo 30 (trinta) dias de antecedência para desocupação.

Esse tipo de locação é mais usado por imobiliárias, administradores pelo simples fato de que a locação termina: pelo fim do prazo contratual. Ou seja, o proprietário poderá retomar o imóvel locado sem uma motivação além do fim da vigência do prazo em que foi pactuado o contrato de aluguel, chamamos esse tipo de retomada de Denuncia Vazia ou Imotivada.

Todavia o locatário poderá devolver o imóvel antes dos 30 (trinta) meses, desde que pagando uma multa proporcional ao tempo que cumpriu. A multa é a chamada Cláusula Penal Compensatória (art. 409 do CC). O parágrafo único, do artigo 4º da Lei do Inquilinato, permite a dispensa da multa em caso de transferência, desde que por motivo de serviço e não a pedido do inquilino, ou seja, desde que a transferência independa da vontade do inquilino, contudo a lei exige que o inquilino notifique o locador, avisando da desocupação antecipada, com trinta dias de antecedência.

LOCAÇÃO COM PRAZO INFERIOR A 30 (TRINTA) MESES.

Na prática do direito imobiliário, é possível observar que muitos locatários não concordam com um prazo de locação mais longo, isto se justifica por vários motivos: incerteza do futuro, os locatários pensam que podem não gostar do local para morar a longo prazo, quando a locação se da para trabalho ou estudo que não irá tomar mais do que alguns meses...entre outros motivos.

Os proprietários por sua vez, pensam que se for um contrato muito longo não poderão reaver o imóvel antes do prazo, se o inquilino não for agradável como irei tira-lo de da casa com um prazo tão longo, afinal são 02 anos e meio... entre outros motivos. Diante de tantos motivos, não raras as vezes se estipulam contratos com prazos inferiores a 30 (trinta) meses. Na prática é comum o prazo de 12 (doze) meses.

LEI DO INQUILINATO - LEI Nº 8.245, DE 18 DE OUTUBRO DE 1991.

Com aproximadamente 60 páginas, recomendo que todos os CORRETORES DE IMÓVEIS dediquem uns instantes de seu tempo para ler e reler quantas vezes se fizer necessário, pois são muitos e muitos detalhes que vão influenciar diretamente nos resultados de seu trabalho, e você deve estar bem ciente de suas obrigações assim como muito bem orientado, então busque as informações e elas vão te acompanhar por toda sua carreira.

GARANTIAS LOCATÍCIAS

Alugar uma nova casa ou apartamento pode se transformar numa grande dor de cabeça, pois as exigências são inúmeras e nem sempre há um fiador disponível. Mas, felizmente, há outros tipos de garantia para aluguel de imóveis. Escolha o que mais se encaixa no seu perfil:

Fiador

Indicado pelo locatário, o fiador será corresponsável pelo pagamento do aluguel, assim como por quaisquer outros encargos e responsabilidades que estejam no contrato. Geralmente, deve ser proprietário de imóvel já quitado e localizado na mesma cidade.

Seguro-Fiança

É a segunda garantia mais usada, após o fiador. Como previsto na Lei do Inquilinato, o locatário pode contratar os serviços de uma seguradora, que será responsável pelo pagamento do aluguel em caso de inadimplência. O seguro custa, em média, de 1 a 2,5% do valor do aluguel por ano e pode ser parcelado, conforme a seguradora escolhida.

Título de Capitalização

O inquilino, na assinatura do contrato, compra um título de capitalização em seu nome, que fica vinculado à locação. Ao término do contrato, se tudo estiver em dia, resgata o título com correção. Se não, o título é sacado pelo proprietário para cobrir o prejuízo. Havendo sobra de recurso, o dinheiro será sacado pelo locatário.

Carta de Fiança

Um banco dá uma carta de fiança ao locador. Se o locatário não pagar algum aluguel ou encargo, a instituição paga e, depois, faz a cobrança. A obtenção da fiança vai gerar um custo fixo. A diferença entre essa modalidade e o seguro-fiança é que a carta de fiança possui uma indenização máxima pré-fixada, ou seja, se o prejuízo for maior do que o limite da apólice, o proprietário assumirá uma perda.

Depósito caução

O inquilino deposita o equivalente a três meses de aluguel numa caderneta de poupança, que ficará em nome do proprietário. Se o dono do imóvel, ao final do contrato, não devolver o dinheiro, poderá ser processado. Se o pagamento estiver o dia, ao final do contrato, o inquilino saca o dinheiro corrigido. Como ocorre no título de capitalização, se houver uma dívida menor do que o valor do depósito, o proprietário ficará com o valor desse prejuízo e o restante será devolvido ao locatário.

VISTORIA

NECESSIDADE DE FOTOS NA VISTORIA INICIAL E NA VISTORIA FINAL

O termo de vistoria é o documento usado para especificar as condições de conservação e manutenção do imóvel no início e ao final da locação.

A Lei do Inquilinato (Lei 8.245/91) que dispõe sobre as locações dos imóveis urbanos e os procedimentos a elas pertinentes, indica as obrigações legais impostas, respectivamente, aos locadores e aos locatários:

Art. 22. O Locador é obrigado a:

I - entregar ao locatário o imóvel alugado em estado de servir ao uso a que se destina;

V - fornecer ao locatário, caso este solicite, descrição minuciosa do estado do imóvel, quando de sua entrega, com expressa referência aos eventuais defeitos existentes.

Art. 23. O Locatário é obrigado a:

II - servir - se do imóvel para o uso convencionado ou presumido, compatível com a natureza deste e com o fim a que se destina, devendo tratá-lo com o mesmo cuidado como se fosse seu;

III - restituir o imóvel, finda a locação, no estado em que o recebeu, salvo as deteriorações decorrentes do seu uso normal;

A Lei do Inquilinato não obriga o locador a realizar o laudo de vistoria no imóvel objeto da locação, mas é de suma importância e consequentemente necessária a realização da mesma, uma vez que a vistoria realizada antes do imóvel ser alugado pode ser entendida como uma ferramenta jurídica capaz que protege tanto o locador quanto o locatário.

O laudo de vistoria é importante não somente para especificar as condições de conservação e manutenção do imóvel antes de ser entregue ao locatário, mas também para que o imóvel, quando finda ou rescindida a locação, seja entregue nas mesmas condições pelas quais o locatário recebeu, ressalvadas as deteriorações decorrentes do seu uso normal. As imobiliárias e os proprietários mais atentos têm se precavido com a realização de laudos e termos de vistorias quando da entrada e da saída do imóvel pelo locatário.

O laudo de vistoria é a análise em sentido amplo do imóvel. É avaliar o imóvel como um todo e relatar por escrito as condições do imóvel: piso, paredes, portas, instalações hidráulicas e elétricas.

Necessário se faz ressaltar que é importante que o laudo de vistoria seja executado na presença do locatário, locador e inclusive fiadores se esta for a garantia estabelecida entre as partes, se assim desejarem. Também é possível que uma terceira pessoa, elabore o laudo de vistoria e após apresente as partes para validação. Isto costuma ocorrer com muita frequência quando a locação do imóvel é intermediada por alguma imobiliária.

Uma vistoria adequada é aquela que abrange o imóvel como um todo, tanto as suas áreas internas como externas.

O ideal é você estar qualificado a realizar a vistoria, ou indicar uma empresa especializada, que documente tudo com fotos e possa gerar um laudo completo do imóvel para mostrar sua real situação.

Para facilitar sua compreensão, veja abaixo um exemplo de vistoria feita em uma casa, mais especificamente na sala do imóvel.

Vejamos abaixo um Modelo De Laudo De Vistoria:

- **1. Sala de Entrada da Casa**

- **1.1 Porta:** de acesso a sala é constituída em madeira maciça, trabalhada e de ótima qualidade. A porta apresenta a pintura nova, feita na cor branca e em perfeito estado de conservação. A porta possui 01 (uma) fechadura principal de marca stam com 01 (uma) chave tetra também de marca stam, ambas funcionando perfeitamente. A porta ainda possui uma segunda fechadura, de segurança, de marca stam com 01 (uma) chave de marca stam; Demais acessórios da porta (madeiramento, fechaduras, maçanetas, marco, dobradiças, batente em inox) tudo em perfeito estado de uso, funcionamento e conservação; **1.1.1 Observações:** é possível notar que a porta raspa um pouco ao abrir.

- **1.2 Piso:** da sala é constituído em lajotas de porcelanato sendo que todas as peças são iguais e encontram-se em regular estado. Piso bastante conservado e em bom estado. Piso ainda possui alguns detalhes com pastilhas decorativas; **1.2.1 Observações:** é possível notar no piso pequenas marcas decorrentes do desgaste natural do uso.

- **1.3 Rodapés:** fazendo o contorno de toda a sala, rodapés em madeira, possuindo a pintura na cor branca, pintura nova e em ótimo estado de conservação, rodapés inteiros e conservados.

- **1.4 Janela:** esta sala possui 01 (uma) janela em aço modelo: Veneziana, marca: Lucasa, modelo: Facilita 100x200. Com pintura branca, acabamento em eletropintura (pintura impecável original de fábrica em ótimo estado). Janela já possui par de vidros instalados, ambos de cor cristal e inteiro. Janela possui grades quadrada inteira. Janela possui 06 (seis) folhas e acessórios na cor do produto. Janela com trinques manuais funcionando perfeitamente. **1.4.1 Observações:** a janela possui um trinco avariado, faltando pedaços.

- **1.5 Paredes:** as paredes encontram-se inteiras e são constituídas em alvenaria. Possuem 02 (dois) tipos de texturas, sendo uma textura simples e lisa e outra crespa; As paredes encontram-se inteiramente pintadas, a pintura é nova e foi feita com tinta de primeira linha Renner – acrílica semi brilho cor base areia.

- **1.6 Teto:** o teto da sala é constituído em forro e rodapés de pvc cor branca e encontram-se todos inteiros, limpos e conservados.

- **1.7 Instalações Elétricas:** sala possui: **a)** tomadas e interruptores elétricos, devidamente instalados, funcionando regularmente. Todos os plásticos são na cor branca e possuem a marca: Tramontina; **b)**no teto possui, 01 (um) suporte elétrico com 01 (uma) luminária plafon constituída em vidro branco com desfoque; **c)** faz parte da iluminação da sala, possui 06 (seis) luminárias do tipo Dicroica com lâmpadas em led; **d)** a sala possui ainda uma instalação extra feita com caneleta.

- **1.8 Acessórios da Sala:** fazem parte da sala: **a) lareira:** a sala possui 01 (uma) lareira constituída em alvenaria com acabamento lateral em textura simples lisa, com pintura nova, feita com tinta de primeira linha Renner – acrílica semi brilho cor base areia, na parte da frente da lareira, possui um acabamento feito em pedras rústica, com acabamento liso e fragmentado, pedras inteiramente conservadas. Fazendo o conjunto da lareira possui 01 (uma) bancada em pedra de mármore branco, pedra inteiramente conservada; Na parte principal da lareira, possui internamente, tijolos do tipo refratária, tijolos inteiros e devidamente fixados. Lareira funcionando perfeitamente; **b) sensor de movimento:** no teto da sala possui 01 (um) sensor de movimento, de cor branca, infravermelho modelo convencional, devidamente instalado no canto da parede e funcionando perfeitamente; **c) suporte para cortina:** acima da janela possui 03 (três) suportes em pvc de cor creme, para cortina, sem cortina e sem trilho; **d) ar condicionado:** a sala possui já instalado e funcionando perfeitamente 01 (um) ar condicionado Split, marca: Electrolux – modelo: PL074R , potência de 9.500BTU, encontra-se instalado na parede da sala, funcionando perfeitamente. Faz parte deste ar condicionado 01 (um) controle digital com pilhas, funcionando perfeitamente; **e) cabo tv:** a sala possui 02 (dois) cabos para tv, tipo coaxial branco com suporte em inox, cabos com aproximadamente 01 (um) metro cada cabo;

Ao final da locação, na entrega do imóvel, será feita uma nova vistoria, para verificar se o imóvel está em condições semelhantes a quando foi entregue ao locatário.

O laudo de vistoria geralmente é emitido pela imobiliária, ou corretor de imóveis autônomo responsáveis pela locação, mas quando isso não ocorre, ainda é possível que o inquilino ou proprietário elabore o relatório e anexe ao contrato, coletando as assinaturas.

A vistoria assegura o bom deslinde da relação locatícia e quando está tudo em ordem a relação locatícia é encerrada normalmente. Por outro lado sempre existem litígios, principalmente na entrega do imóvel, o que pode ser evitado com um laudo bem feito e bem detalhado mostrando com exatidão o estado do imóvel no ato da locação e no encerramento.

Não raras, ás vezes ao final da locação, quando o locatário desocupa o imóvel, é possível notar certas avarias, geralmente pisos rachados, paredes sem pintura adequada, entre tantos outros.

Não havendo sequer vistoria inicial tão pouco final, como o locador/proprietário e até mesmo o locatário poderá exigir os reparos no imóvel objeto da locação?

Muitos proprietários e também locatários, diante das tratativas frustradas, buscam no Judiciário, a resolução do litígio.

Porém, há muito tempo é pacífico na jurisprudência que para provar os danos no imóvel, necessário é a juntada do laudo de vistoria inicial, realizado quando da entrada do inquilino no imóvel e final quando da entrega do imóvel.

Da mesma forma, não é aceito pelos tribunais o laudo de vistoria final realizado unilateralmente pelo locador, sobre o argumento de que o laudo de vistoria final elaborado sem a presença do locatário não possui idoneidade para fins de prova, então jamais deixe de fazer, eu recomendo sempre em seus laudos deixar um prazo de 10 dias úteis para possam ser realizadas contestações e questionamentos de ambas as partes, deixando claro que passado esse prazo não haverá o que reclamar.

MODELO - *Ementa:* APELAÇÃO CÍVEL. IMPUG-
NAÇÃO À GRATUIDADE JUDICIÁRIA. LOCAÇÃO.
AÇÃO DECLARATÓRIA DE RESOLUÇÃO CONTRA-
TUAL. AÇÃO CATELAR INOMINADA. *Ação declara-*
tória: Reparos no imóvel. Não cabimento da co-
brança. Ausência de comprovação de realização
de laudo inicial de vistoria, com detalhamento do
estado do imóvel no momento do início da loca-
ção. Ausente, ainda, laudo de vistoria final, e
comprovação da intimação prévia do locatário ou
fiadores acerca da realização da vistoria. Logo,
não cabe responsabilização pelo pagamento dos
reparos indicados unilateralmente pelo locador. É
ônus do locador comprovar que o imóvel não foi
devolvido em condições idênticas daquelas em
que recebido pelo inquilino. Ação cautelar inomi-
nada. Existência de prova suficiente no sentido de
que restou obstada a entrega das chaves. REJEI-
TARAM A IMPUGNAÇÃO E NEGARAM PROVIMENTO
AO RECURSO. UNÂNIME. (Apelação Cível Nº
0000000000, Décima Sexta Câmara Cível, Tribu-
nal de Justiça de SP, Relator: nome, Julgado em
00/00/2000).

Diante de todo exposto, é possível concluir-
mos que o laudo de vistoria, elaborado corretamente, na presença e ratificado por todas as partes (proprietários, inquilinos e fiadores) é uma garantia para todos, uma segurança que mantém o
equilíbrio nas relações locatícias, evitando muita
dor de cabeça e incômodos desnecessários.

ADMINISTRAR OU NÃO?

Essa é uma questão muito pessoal, mas apesar de poder ser bem lucrativa, a administração de locações requer uma atenção especial, pois você precisará estar sempre atento e pronto a intervir, nas mais variadas situações, e mesmo naquelas que não tem nada haver com seu trabalho, pois locadores e locatários associam qualquer assunto ligado à locação ao corretor ou administrador mesmo quando vão além de suas obrigações legais, mas acabamos fazendo pra agradar ao cliente, então, você deverá analisar bem se vale a pena, ou se é melhor ter alguma parceria com alguém com uma estrutura pronta para atender seus clientes da melhor maneira, pois caso decida administrar, você deverá estar ciente de que estará ligado a locação até seu encerramento.

VAI ADMINISTRAR?... VOCÊ PRECISA SABER SOBRE, RESCISÃO CONTRATUAL

Assinar um contrato de locação normalmente impõe um compromisso mínimo de 30 meses envolvendo inquilino, proprietário e imobiliária. Se tudo corre bem, perfeito! Mas a verdade é que imprevistos sempre podem acontecer, não é mesmo?

Porém, pode ser preciso encerrar o contrato antecipadamente. E é para saber lidar com esse tipo de situação que você deve estar bem preparado!

A rescisão do contrato de locação merece uma atenção especial por envolver diversos trâmites burocráticos e legais?

MULTA POR QUEBRA DE CONTRATO

Se locador ou locatário decide cancelar o contrato antes do vencimento, normalmente paga à outra parte um valor previamente estabelecido em contrato. No caso de o inquilino deixar o imóvel de maneira antecipada, o pagamento é feito proporcionalmente ao tempo de contrato restante, sem cobrança abusiva.

Caso o contrato de locação tenha validade indeterminada, ambos podem rompê-lo a qualquer tempo, sem aplicação de multa. Se o acordo feito entre imobiliária e proprietário prevê essa multa, a cessão do contrato de aluguel por vontade do proprietário também pode gerar uma cobrança por quebra.

CÁLCULO DA MULTA

De acordo com o Instituto Brasileiro de Estudo e Defesa das Relações de Consumo (IBEDEC), a multa deve ser calculada proporcionalmente, baseando-se pelos meses restantes para o encerramento do contrato.

Esse cálculo também é amparado pelo artigo 4º da Lei do Inquilinato, que consta no Código Civil Brasileiro, e pelo *artigo 413* do Código Civil.

Na prática, normalmente, a multa é estipulada em 3 meses de aluguel. Como exemplo, vamos imaginar um contrato de locação de 30 meses em que foi estipulada essa multa convencional de 3 meses para a parte que descumprir o acordo.

Assim, se ao final de 20 meses o locatário decide deixar o imóvel, a rescisão se dará com a aplicação da multa proporcional aos 10 meses faltantes. Logo, o valor pago pela multa será de 1 mês de aluguel.

Caso a imobiliária ou o proprietário se recuse a fazer o cálculo da forma correta, o inquilino poderá devolver as chaves e, posteriormente, questionar judicialmente o contrato de aluguel.

Além disso, se o inquilino já tiver pago essa multa calculada de forma errada, ainda assim ele poderá reaver a diferença por meio de ação judicial de repetição de indébito. Para tanto, ele terá que apresentar os comprovantes de pagamento ou o desconto feito sobre a caução.

Dependendo do valor da causa, essa ação nem precisa de advogado e pode ser proposta nos Juizados Especiais Cíveis.

Portanto, muito cuidado para não fazer o cálculo errado para não ter dores de cabeça futuras com o inquilino.

MOTIVOS PARA RESCISÃO DO CONTRATO DE LOCAÇÃO

O proprietário do imóvel só pode rescindir o contrato em 2 situações específicas: caso ele precise do imóvel para uso próprio e não tenha outro bem do tipo ou caso o inquilino cometa algum tipo de ato ilegal ou que descumpra as regras do contrato como uma reforma não permitida. Fora isso, ele sempre deve esperar a finalização do contrato para solicitar o imóvel de volta.

O inquilino, por sua vez, não precisa apresentar motivos específicos para deixar o imóvel, desde que pague a multa estabelecida em contrato. No entanto, existe a exceção para casos em que o inquilino é transferido por seu empregador privado ou público para prestar serviços em outras localidades que não aquela do início do contrato.

Assim, ele fica desobrigado a pagar a multa, desde que notifique o locador por escrito e apresente documento comprobatório da transferência (com endereço completo do futuro local de trabalho). Essa notificação deve ocorrer com um prazo de, pelo menos, 30 dias de antecedência.

PRAZOS SOBRE O ENCERRAMENTO

A rescisão do contrato de locação também tem alguns prazos que devem ser observados. Uma vez que o proprietário solicita o imóvel, o inquilino não precisa sair imediatamente. O padrão é que sejam concedidos 30 dias para que o locatário se organize e encontre um novo imóvel.

Quando há disputas judiciais para despejo do inquilino, normalmente se concede um prazo de 6 meses, desde que haja manifestação via advogado no tempo certo. Já se o encerramento do contrato é pedido por quem aluga o imóvel, conta-se um aviso de 30 dias para permitir que o proprietário se planeje financeiramente e encontre o mais rapidamente possível um novo morador para o imóvel.

DESOCUPAÇÃO DO IMÓVEL

Independentemente de quem decidiu pela rescisão do contrato de locação, a desocupação do imóvel deve seguir alguns critérios. É necessário que o inquilino realize uma vistoria de saída, de modo a garantir que o imóvel esteja nas mesmas condições do início do contrato.

Também é importante que o proprietário ou a imobiliária forneça um comprovante de recebimento das chaves, de modo que não existam mais cobranças referentes à locação.

Mas atenção, por mais que a rescisão do contrato de locação normalmente tenha todas as suas condições devidamente estabelecidas no documento, o mais recomendado é que a parte interessada busque a orientação de um advogado antes de dar andamento ao rompimento, ok?

SAIBA QUAIS CUIDADOS DEVE TER O CORRETOR

Em casos de rescisão dos contratos de locação, a posição do corretor/administrador imobiliário costuma ser a de intermediação do diálogo entre inquilino e proprietário, administrando o que for possível para a correta condução dessa relação.

Você sabe quais cuidados deve ter o Corretor de Imóveis para garantir o direito de ambas às partes em uma quebra de contrato? Confira algumas medidas práticas que podem evitar muitos problemas nesse momento!

Obter o reconhecimento de firmas em cartório de todas as assinaturas e rubricas nas demais vias, pois essa é uma das medidas mais importantes para manter a validade de um contrato de locação e, consequentemente, de suas cláusulas de rescisão como multas e prazos.

Recomenda-se não apenas que o contrato de locação tenha o reconhecimento de firma das partes contratantes, como também o termo de entrega das chaves do imóvel e o auto de vistoria. Isso traz mais respaldo jurídico no caso de eventuais problemas, pois não haverá contestação da identidade e da assinatura de quem se comprometeu nesses documentos.

FORNECER O TERMO DE VISTORIA

Em geral, cabe à imobiliária fornecer não apenas um termo de vistoria, como também acompanhar na medida do possível essa verificação do imóvel. Esse termo é como um retrato descritivo do imóvel, seja ao tempo da locação, seja ao tempo da rescisão do contrato.

Quanto mais detalhados forem os termos de vistoria inicial e final, maior a garantia e a segurança jurídicas das partes contratantes, já que esse documento poderá apontar eventuais responsabilidades e direitos relativos à indenizações, reformas, manutenções e reparos no imóvel.

TRABALHAR COM PRAZOS E MULTAS
BEM ESTABELECIDOS

Um corretor deve ser rigoroso no cumprimento das cláusulas contratuais, assim como na aplicação de multas e no respeito dos prazos estabelecidos.

Isso garante o fiel cumprimento dos termos de locação, assegura que o proprietário não terá nenhum prejuízo e nem imprevistos e permite ao inquilino contar com a segurança jurídica de saber quais são suas obrigações.

REALIZAR AS RENOVAÇÕES E
ATUALIZAÇÕES CONTRATUAIS

A maioria dos contratos de locação prevê não apenas renovações periódicas, principalmente quando são por tempo determinado, como também reajustes.

Em geral, essas atualizações de valor dizem respeito ao valor do aluguel, que é corrigido anualmente por algum índice escolhido como referência quando da realização do contrato como, por exemplo, o IGP-M, além dos reajustes de taxa condominial e de IPTU.

MANTER-SE EM CONTATO COM AS PARTES

Além dessas medidas, o corretor deve manter contato constante com as partes. Por agir como um intermediário entre inquilino e proprietário, isso faz parte da função essencial do corretor nessa relação.

Essa é uma forma de garantir transparência nas tratativas, evitar diversas dores de cabeça, amenizar eventuais erros de comunicação e garantir o fiel cumprimento das cláusulas contratuais, até mesmo durante uma rescisão.

DIFERENÇA ENTRE VIVER E SOBREVIVER NO MERCADO IMOBILIÁRIO

Depois de tantos anos, tive que aprender na marra a diferença entre VIVER E SOBREVIVER no Mercado Imobiliário, pois muitas vezes vivemos no desespero por fechar negócio, captar novos clientes, novos imóveis, contas, cobranças, etc.

Mas como tudo isso nos esquecemos de dar valor às coisas muito mais simples, como parar um instante em meio a toda turbulência que estiver passando no momento e brincar um pouco com os filhos, sentar e tomar um chopp pra relaxar, dar uma caminhada, ir ao cinema, ou ao teatro dar boas risadas, o qualquer outra coisa que te de prazer... isso sim é viver, e assim você verá que muita coisa mudará, inclusive você terá sua mente mais leve e aberta a novas ideias, e ficará até mais fácil achar soluções para questões que parecem impossíveis.

Precisamos viver bem, manter a cabeça fria mesmo mediante as adversidades, pois assim você verá que não só é possível viver da corretagem, como perceberá que dá pra viver e muito bem da corretagem, e não se limitar a sobreviver e estar sempre no limite do limite.

E acredite, levando a vida de uma forma mais leve os resultados virão naturalmente, você estará sempre mais bem humorado e bem disposto na hora de atender, pois o stress é um mal terrível que pode nos fazer muito mal, e se você não sou-ber dominar ele, ele vai te dominar, e vai tirar seu sono, sua disposição e sua saúde.

Vamos exercitar nossas mentes, ler bastan-te, aprender, trabalhar, FOCAR, mas tudo sem dei-xar nossas vidas de lado, e aproveitar, sobretudo os momentos com nossas famílias, e fazer o que nos deixa felizes.

E podem ter certeza que a hora que conse-guimos trabalhar de forma centrada, equilibrando vida pessoal e profissional, mantendo nossas con-tas em ordem, e não deixando de ter tempo para vivermos, com toda certeza teremos alcançado o tão sonhado e esperado sucesso, pois o sucesso deve estar associado a nossa satisfação e realiza-ção pessoal, e não só ao dinheiro.

SEGURANÇA

Acho que todos que estão no mercado imobiliário, mesmo que por pouco tempo, já ouviram em algum momento alguma história de algum colega que teve que entrar com ação na justiça pra receber seus honorários, e em alguns casos nem assim conseguiu, e na grande maioria das vezes, essas transações envolveram parentes ou amigos, e por isso não foram tomados os devidos cuidados, aí você perder seu tempo, seu dinheiro e sua amizade, então amigos, FICA A DICA!...

Sempre documente TUDOOOO, não deixe nada de lado, pois todos os documentos, registros de visitas, autorizações para intermediação, todas as certidões, todos os registro das negociações incluindo de forma clara de onde sairão e de quantos % serão seus honorários, valores envolvidos como dívidas do imóvel (em caso de imóvel com Alienação Fiduciária), IPTU, Taxa de Condomínio e Rateios vigentes, são de extrema importância, então, todas as vezes que for exigido qualquer documento, por parte de clientes compradores ou vendedores, mesmo que não esteja na relação de documentos de praxes, vá atrás, se informe, se vire, não deixe de emitir, se for pecar, peque pelo excesso, jamais pela omissão, sendo assim, todas as vezes que entregar qualquer documento, a qualquer uma das partes, faça um protocolo através de uma lista do que está sendo entregue, e faça o cliente assinar, constando além da assinatura, a data e hora do recebimento, digitalize todos os documentos referentes às suas intermediações, e guarde em pastas e deixe tudo de forma ordenada e de fácil acesso, pois caso precise para qualquer fim, você deverá ter tudo a mão e com fácil acesso.

Em caso de qualquer transação suspeita, nunca deixe de comunicar ao COAF - Conselho de Controle de Atividades Financeiras, pois não comunicar qualquer ocorrência suspeita, ficando o corretor sujeito a multa e ação criminal, por facilitação a crimes de lavagem de dinheiro.

Por mais incrível que possa parecer, é muito comum o cliente te ligar meses depois pedindo cópias de documentos, ou dizendo que não receberam um ou outro documento, então, se você protocolou e ele assinou não tem o que contestar, porém, se você tem tudo organizado e devidamente arquivado, não custa nada mandar uma cópia pra ajudar o cliente, até como gesto de boa vontade de sua parte.

COMUNICAÇÃO DE NÃO OCORRÊNCIA

Para os devidos fins do disposto no inciso III do artigo 11 da Lei 9.613 e no artigo 12 da Resolução COFECI nº 1336/2014, a não ocorrência no período indicado abaixo, de propostas, transações ou operações passiveis de serem comunicadas ao Conselho de Controle de Atividades Financeiras – COAF, através do Conselho Regional de Corretores de Imóveis.

A comunicação de não ocorrência deve ocorrer todos os anos, de 1º a 31 de janeiro, todos os corretores de imóveis e imobiliárias devem acessar o site do CREISP (link abaixo).

O objetivo da comunicação é a prevenção a crimes de lavagem de dinheiro.

O expediente é obrigatório a todos os profissionais que, no exercício de cada ano, não informaram nenhuma transação imobiliária ao COAF considerada suspeita, de acordo com a lei de lavagem de dinheiro.

E os corretores de imóveis que são responsáveis por empresas devem efetivar duas declarações relativas à Pessoa Física e Jurídica.

O não cumprimento desta obrigação poderá resultar em sanções conforme previsões legais.

https://www.crecisp.gov.br/naoocorrencia/declaracao

CORRETOR DE IMÓVEIS
MIL PROFISSIONAIS EM UM

Deu pra perceber que procurei abordar os principais temas ligados a profissão de CORRETOR DE IMÓVEIS, dando toques em todas as áreas de atuação, isso foi intencional, pois para o cliente, e principalmente para o cliente que nos enxerga como profissionais independentes, nós temos que saber tudo, mas tudo mesmo, vendas, locações, seguros, financiamentos, se vai chover, quem descobriu o Brasil, etc... e como mencionei acima, isso é impossível, pois precisamos nos especializar em uma área específica, porém, temos sim obrigação de termos pelo menos noções básicas das demais áreas.

Mesmo que seu foco seja em venda, abrir mão de uma locação é como jogar dinheiro fora, até mesmo porque existem locações desde imóveis populares que garantem pelo menos o combustível da semana ou do mês, a alto padrão e imóveis comerciais como prédios e galpões com valores muito altos que podem ser bem maiores do que muitas comissões de vendas, então se estivermos preparados mesmo focando em vendas, não vamos perder oportunidades.

Hoje posso dizer que conheço um pouco de tudo, porque nesse período, atuei em vendas e locações de imóveis comerciais e residenciais, administrei locações por 8 anos, fiz avaliações, fiz alguns "fiftys" tanto na capital como em algumas cidades do interior, mas ainda sim nunca negociei ponto comercial (pra vocês verem que nunca sabemos tudo), e realmente não entendo nada dessa área, mas se algum cliente tiver interesse vou buscar informações e parcerias.

E para que possa atender cada vez melhor e me diferenciar no mercado, não perco oportunidade de aprender, estudar e interagir com colegas corretores para que sempre possa estar preparado para as mais diversas situações, inclusive em meu canal no youtube, costumo apresentar situações reais e algumas até constrangedoras, mas que servem para nos mostrar que estamos sujeito a tudo, e precisamos estar sempre atentos e sempre com sorriso no rosto ao atender.

ESPECIALIZAÇÕES PARA O CORRETOR DE IMÓVEIS

O Corretor de Imóveis pode claro atuar em todas as áreas de atuação previstas na corretagem, pode tentar ser um "generalista", fazer um pouco de tudo e atender todas as regiões dentro da área permitida pelo seu CRECI, em nosso caso em todo estado de São Paulo, porém, hoje em dia é cada vez mais comum vermos corretores atuando em áreas específicas, prestando serviços como especialistas então vamos à essas áreas de especialização:

- **Captador de Imóveis** – Vendendo fichas, ou buscando imóveis para outros corretores e imobiliárias em troca de fity;

- **Vistoriador** – Atuando nas vistorias iniciais e finais em caso de locações, emitindo laudo com fotografias anexadas ao documento, Vistoria para administradoras de condomínio;

- **Fotógrafo** – Fotografando imóveis para divulgação em anúncios, para laudos de vistoria, para avaliações periciais ou judiciais, fotos para promoção de empresas de arquitetura e decoração;

- **Corretor de Lançamentos** – Especializados em imóveis na planta, negociados diretamente com construtoras e incorporadoras, onde deverá ter noções de financiamento, e até mesmo sobre os prazos de construção;

- **Corretor focado em locação e venda em um determinado Bairro ou Condomínio –** Hoje em dia muito comum, o corretor se especializar em um determinado bairro, se inteirando de todas as informações que podem ser pertinentes, desde a rotina do local, a toda estrutura, ficando restrito a esse local sendo que quando tem cliente fora desta área de atuação busca parceiros, e também atende cliente de outros corretores, pois conhece aquele bairro ou aquele condomínio melhor do que nenhum outro;

- **Administrador de Locação –** Administrando contratos de locação, realizando cobranças e repasses de valores, assim como todos os tramites ligados à locação;

- **Venda e locação de galpões a grandes áreas comerciais –** Esse profissional em especial precisa de muita especialização, pois precisará saber sempre na ponta da língua tudo sobre o local de interesse de seu cliente, mas também sobre a legislação local, e tudo o que poderá ou não ser instalado naquele lugar, deverá também ter noção sobre o ponto comercial, e vizinhança, e esse profissional sempre receberá muitas propostas de parcerias;

- **Venda ou locação para estrangeiros –** Esse corretor que fala dois ou mais idiomas, será privilegiado, pois sempre que um colega tiver um cliente de fora, que não fale o português, poderá ser procurado para auxiliar no negócio em troca do fity, e poderá ser muito bem sucedido principalmente com locações por temporada para turista, e mesmo venda para investidores internacionais;

- **Correspondente Bancário** – Alguns corretores atuam como correspondentes de alguns bancos, recebendo honorários pelos processos de financiamentos, aumentando seus ganhos com seus próprios clientes, e até mesmo oferecendo os serviços para corretores e imobiliárias;

- **Avaliadores** – O corretor que se especializa como avaliador, pode fazer avaliações judiciais e extrajudiciais, para órgãos públicos, para empresas privadas, entre outros;

- **Locação de Imóveis por Temporada** – Geralmente com grande fluxo de clientes em regiões como Centro de São Paulo que recebe muito Turismo Corporativo, e em regiões de campo e praias.

E muitas outras opções de acordo com a criatividade bem típica de nós corretores, o importante disso tudo isso é, você se encontrar, saber o que pode fazer de melhor e cada vez mais se especializar dentro da área de atuação escolhida e entender que trabalhar corretamente e fazer parcerias poderão fazer toda diferença em sua carreira como corretor de imóveis e te dará também mais tempo pra você e mais dinheiro em seu bolso.

CONSIDERAÇÕES FINAIS

Pra finalizar, espero ter cumprido a missão de orientar e esclarecer dúvidas, e que sinceramente com esse trabalho possa contribuir para seu crescimento profissional, pois amo minha profissão e poder compartilhar um pouco do que vivi, e das minhas vitórias na corretagem é muito bom pra mim e me deixa muito feliz, claro que nem tudo são flores, também passamos momentos difíceis, principalmente em tempos de crise, mas com trabalho duro e muita criatividade, superamos quaisquer obstáculos que venham a aparecer.

Espero que cada um que me deu a honra de ler o que escrevi com tanto carinho, possa aproveitar cada informação da melhor maneira e possa transformar isso em resultados positivos, e ficarei muito feliz em saber que pude colaborar com seu sucesso!!!!!

Aproveito e peço que compartilhem suas opiniões através dos meus canais de comunicação:

Instagram
@alessandro2805

Telefone e Whatsapp
(11) 96703-9143

Linkedin
Alessandro Soares de Oliveira

E-mails:
alessandro2805@gmail.com
alessandrosoliveira@creci.org.br
alessandro@asoliveiraimoveis.com.br

Youtube (canais)

TV CRECI programa CRÔNICAS IMOBILÁRIAS
CASOS & CAUSOS DOS CORRETORES DE IMÓVEIS

TV ABERTA SP programa CHAVE MESTRA
(disponível também no youtube após a exibição normal na programação da TV)

Pois lá vocês vão se divertir com nossas histórias e também receberão dicas e informações valiosas para agregar valor ao nosso trabalho.

CONTE COMIGO!

Em todos esses anos na Corretagem, uma das lições mais importantes que aprendi, é que, *"é bem melhor 50% de alguma coisa, do que 100% de nada!"* Sendo assim, já me coloco à disposição para parcerias e sugiro que invistam seu tempo em aprender e pensem muito no assunto das parcerias, lembrando que tem muito espaço no Mercado Imobiliário, e nesse espaço cabemos todos nós com folga, pois se sempre que dividimos, estamos multiplicando nossas oportunidades.

E caso você necessite de algum modelo de documento citado no livro, ou simplesmente queira trocar experiências, ou iniciar uma parceria, pode entrar em contato comigo que enviarei e terei o maior prazer em te atender, e se precisar de uma assessoria em suas transações, entre em contato para que possamos negociar uma consultoria/assessoria, elaboração de contratos e compromissos, etc.

Para saber sobre mais cursos e palestras gratuitas e de grande valor para nossa profissão, acesse https://www.crecisp.gov.br no site do CRECI você também poderá acessar modelos de documentos, notícias do mercado imobiliário, consultar sobre a regularidade de inscrição Corretores e Imobiliárias, assim como muitas outras informações. E Através do App da TV CRECI, você poderá ter acesso aos eventos, Palestrar e Treinamentos realizados pelo Conselho.

ENCERRAMENTO E AGRADECIMENTOS

Após anos atuando como corretor, tendo vivido várias e várias experiências, que me permitiram ter uma identidade profissional, conhecida e reconhecida por clientes e colegas de profissão, pode afirmar sem sombra de dúvidas que AMO SER CORRETOR DE IMÓVEIS! E por ter esse carinho e amor por minha profissão que escrevi esse livro com o grande desejo de poder contribuir com vocês leitores, amigos, familiares, clientes e companheiros de Jornada.

A MINHA FAMÍLIA, TODA GRATIDÃO!

Primeiramente agradeço a Deus por todas as oportunidades que tive na vida e pelas pessoas que colocou tão carinhosamente em meu caminho.

Aos meus pais Jadiel e Renilda, meus avós em especial minha avó Nete que sempre cuidou de mim com todo amor e carinho, meus irmãos e minha tia e madrinha Ilná todo reconhecimento e gratidão por estarem sempre presentes e por todo apoio que sempre tive.

A minha esposa e companheira Fabiana que ao longo dos anos batalhou comigo e quando possível colhemos juntos os frutos do meu trabalho, mas quando necessário arregaçou as mangas e batalhou ao meu lado, sempre presente me apoiando mesmo nos momentos mais difíceis.

Aos meus amados filhos MIGUEL, GABRIEL E MARIANA, pois são minhas fontes de inspiração e felicidade, e meus grandes companheiros.

Até Breve!

... mas...

Antes do fim, vamos ver alguns casos contados:

No canal **CASOS E CAUSOS DOS CORRETORES DE IMÓVEIS** exibido no Youtube e no Programa **CRÔNICAS IMOBILIÁRIAS** exibido na TV CRECI:

1 – MEU INÍCIO COMO CORRETOR INDEPENDENTE

Um pouco da minha história no Mercado Imobiliário, como comecei e porque decidi me tornar independente, e o passo a passo da minha trajetória.

2 – SUFOCO NO DESFILE DE 7DE SETEMBRO

Como Delegado do CRECI-SP assumimos alguns compromissos com a nossa classe e com a sociedade, e um desses compromissos é participar do Desfile Cívico de 7 de Setembro todos os anos no ANHEMBI, só que da primeira vez, e em território desconhecido passei um grande sufoco, que vocês terão que assistir para saber, é uma história bem divertida que quase acabou em um grande constrangimento.

3 – PANCADARIA EM UMA VISITA A UM IMÓVEL

Essa é a prova de que enfrentamos de tudo no nosso trabalho, eu mesmo passei o maior perrengue com uma cliente durante uma visita a um imóvel no Centro de São Paulo... mas com carinho pela nossa profissão, e com muito bom humor superamos todas as adversidades.

4 – FERROU! PNEU FUROU, TAXI ZUOU, ÔNIBUS QUEBROU E MESMO ASSIM O CLIENTE ATRASOU...MAIS DO QUE EU!

Para nós que moramos nos grandes centros, não é nada fácil não... precisamos sempre nos programar e nos preparar para não atrasarmos em nossas visitas, e não perdermos nossos compromissos.

E no Programa **CRÔNICAS IMOBILIÁRIAS**, exibidos na **TV CRECI** exibido no youtube e no site https://tv.crecisp.gov.br/

1 – OS FANTASMAS SE DIVERTEM

Aqui relato uma experiência assustadora e sobrenatural em um plantão de vendas, onde passou momentos de terror, que apesar de trágico, teve seu lado cômico...

2 – É DIA DE FEIRA

Essa história é sobre uma senhora que passou pelo plantão de vendas puxando um carrinho de feira, olhou curiosamente para o plantão, e decidiu entrar, os corretores mais experientes simplesmente a ignoraram por achar que se tratava de uma simples curiosa, o que não imaginavam é que havia muito mais do que frutas, legumes e verduras naquele carrinho de feira...

3 – SUBINDO PARA BAIXO

Um relato sobre uma visita onde ao invés de subir para o 3° andar, ao chegar, descobre-se que na verdade teria que descer 3 andares para chegar ao apartamento de interesse de seu cliente, e essa não foi a única surpresa desta visita...

4 – VIDA DIFÍCIL

Aqui mostro como é difícil a vida de corretor "...rs...", na verdade através de uma situação bem real, mostra que é possível unir trabalho e lazer com muita responsabilidade e sem perder o foco no resultado final, inclusive com uma dica extra sobre a necessidade de programar seu dia, inclusive revisando seu veículo para evitar imprevistos em seus percursos...

E tem muito mais, no youtube você também poderá encontrar os episódios do programa **CHAVE MESTRA** na integra e alguns trechos em meu perfil do instagram!

www.ingramcontent.com/pod-product-compliance
Lightning Source LLC
Chambersburg PA
CBHW030649220526
45463CB00005B/1698